미래와 통하는 책

동양북스 외국어
베스트 도서
700만 독자의 선택!

새로운 도서,
다양한 자료
동양북스
홈페이지에서
만나보세요!

www.dongyangbooks.com
m.dongyangbooks.com

※ 학습자료 및 MP3 제공 여부는 도서마다 상이하므로 확인 후 이용 바랍니다.

홈페이지 도서 자료실에서 학습자료 및 MP3 무료 다운로드

PC

❶ 홈페이지 접속 후 도서 자료실 클릭
❷ 하단 검색 창에 검색어 입력
❸ MP3, 정답과 해설, 부가자료 등 첨부파일 다운로드
  * 원하는 자료가 없는 경우 '요청하기' 클릭!

MOBILE

* 반드시 '인터넷, Safari, Chrome' App을 이용하여 홈페이지에 접속해주세요. (네이버, 다음 App 이용 시 첨부파일의 확장자명이 변경되어 저장되는 오류가 발생할 수 있습니다.)

❶ 홈페이지 접속 후 ☰ 터치

❷ 도서 자료실 터치

❸ 하단 검색창에 검색어 입력
❹ MP3, 정답과 해설, 부가자료 등 첨부파일 다운로드
  * 압축 해제 방법은 '다운로드 Tip' 참고

쉽게 따라하고 쉽게 배우는 **STEP 1**

좋아요 주니어 일본어

노지영, 이영아 **지음**

동양북스

쉽게 따라하고 쉽게 배우는 STEP1
좋아요 주니어 일본어

초판 인쇄 | 2024년 12월 3일
초판 발행 | 2024년 12월 13일

지은이 | 노지영, 이영아
발행인 | 김태웅
책임 편집 | 이서인
일러스트 | 조윤
디자인 | 남은혜, 김지혜
마케팅 총괄 | 김철영
제작 | 현대순

발행처 | (주)동양북스
등 록 | 제2014-000055호
주 소 | 서울시 마포구 동교로22길 14 (04030)
구입 문의 | 전화 (02)337-1737   팩스 (02)334-6624
내용 문의 | 전화 (02)337-1762   dymg98@naver.com

ISBN   979-11-7210-081-0   14730
       979-11-7210-080-3   (세트)

머리말

안녕하세요, 일본어 학습의 첫걸음을 내딛는 여러분을 환영합니다.

이 교재는 일본어를 처음 접하는 주니어 학습자들이 효과적으로 언어의 기초를 다질 수 있도록 구성되었습니다. 이 교재에서는 기초적인 단어와 문법, 일상생활에서 자주 사용되는 표현을 중심으로 다루고 있습니다. 말하기 영역을 중심으로 다양한 상황의 예문을 제시하여, 학습자들이 자연스럽게 일본어를 이해하고 사용할 수 있도록 돕고자 합니다. 노래를 통해 어휘를 쉽게 익히고, 게임 형식의 연습을 통해 주니어 학습자들이 좀 더 흥미를 가지고 재미있게 학습할 수 있도록 하였습니다. 또한 언어뿐만 아니라 다양한 일본 문화를 접할 수 있도록 문화 이야기 편도 수록했습니다.

일본어 학습은 새로운 문화를 이해하고, 넓은 세계로 나아가는 첫걸음이기도 합니다. 이 교재를 통해 여러분이 일본어의 기초를 탄탄히 다지고, 더 나아가 일본어로 소통할 수 있는 자신감을 얻게 되기를 바랍니다.

여러분의 학습 여정에 조금이라도 도움이 되길 바라며, 끝까지 포기하지 않고 꾸준히 학습해 나가기를 응원합니다. 성공적인 학습을 기원합니다!

저자 일동

목차

머리말 ··· 003

목차 ··· 004

이 책의 구성 ······································ 006

일본어 문자 - 히라가나 ····················· 008

등장인물 소개 ···································· 010

1과

こんにちは。 안녕. ··· 011

2과

なまえは？ 이름이 뭐야? ··· 021

3과

この ひとは だれ？ 이 사람은 누구야? ··· 031

4과

これ、なあに？ 이거 뭐야? ··· 041

5과

でんわばんごう おしえて。 전화번호 가르쳐줘. ··· 051

6과

いま、なんじ？ 지금, 몇 시야?

··· 061

7과

きょうは なんようび？ 오늘은 무슨 요일이야?

··· 071

8과

ぱんだ、かわいい。 판다 귀여워.

··· 081

9과

たべものは なにが すき？ 음식은 뭘 좋아해?

··· 091

10과

どっちが おもしろい？ 어느 쪽이 재미있어?

··· 101

11과

きょうしつに なにが ありますか。 교실에 뭐가 있어요?

··· 111

정답 및 듣기 스크립트 ·················· **121**

이 책의 구성

| 주제와 학습 목표 |

학습을 시작하기 전에 주제와
학습 목표를 미리 살펴보아요.

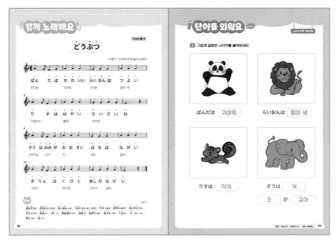

| 단어를 외워요 |

중요한 단어와 표현에
스티커를 붙이며 외워
보아요.

| 함께 노래해요 |

과에서 배울 단어나
표현을 동요로 쉽고
재미있게 불러보아요.

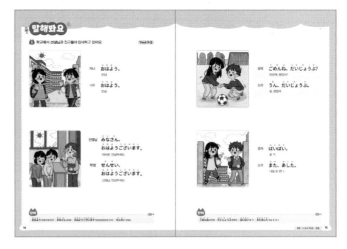

| 말해봐요 |

그림을 보며 등장인물들의 대화를 듣고
친구와 함께 말해보아요.

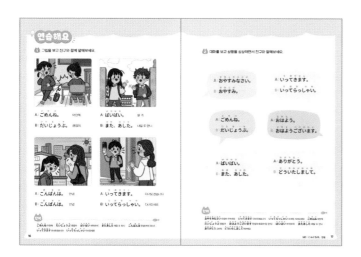

| 연습해요 |

앞에서 배운 내용을 바탕으로
친구와 연습해 보아요.

| 함께 놀아요 |

재미있는 게임을 통해 복습하며
함께 놀아 보아요.

| 들어봐요 |

원어민의 목소리를 듣고 이번
과에서 공부한 내용의 문제를
풀어보아요.

| 일본이 궁금해요 |

궁금했던 일본 문화를 사진과
함께 알아보아요.

히라가나

Track 0

	あ단	い단	う단	え단	お단
あ행	あ 아기의 **아**	い 이불의 **이**	う 우비의 **우**	え 에어로빅의 **에**	お 오뚜기의 **오**
か행	か 가방의 **카**	き 키의 **키**	く 구관조의 **쿠**	け 케이크의 **케**	こ 고등어의 **코**
さ행	さ 사슴의 **사**	し 시계의 **시**	す 수도꼭지의 **스**	せ 세탁기의 **세**	そ 솔방울의 **소**
た행	た 타조의 **타**	ち 치킨의 **치**	つ 부츠의 **츠**	て 테이프의 **테**	と 도자기의 **토**
な행	な 나침반의 **나**	に 니트의 **니**	ぬ 누에의 **누**	ね 네트워크의 **네**	の 노른자의 **노**

は 할로윈의 **하**	ひ 히어로의 **히**	ふ 후크선장의 **후**	へ 헤엄치다의 **헤**	ほ 호텔의 **호**	は 행
ま 해마의 **마**	み 개미의 **미**	む 무화과의 **무**	め 매의 **메**	も 목도리 도마뱀의 **모**	ま 행
や 야자수의 **야**		ゆ 유령의 **유**		よ 요술램프의 **요**	や 행
ら 라면의 **라**	り 리본의 **리**	る 캥거루의 **루**	れ 레슬링의 **레**	る 롤케이크의 **로**	ら 행
わ 와플의 **와**				を 오징어의 **오**	わ 행
ん 응원깃발 의 **응**					ん 행

등장인물 소개

타 나 카 카 나
たなか かな **다나카 카나**
일본인 학생

이 시 우
いしう **이시우**
한국인 유학생

키 무 유 이
きむ ゆい **김유이**
한국인 유학생

키 무 라 소 라
きむら そら **기무라 소라**
일본인 학생

사 또 - 아 이
さとう あい **사토 아이**
친구들의 담임선생님

Track 1

콘　니　찌　와

こんにちは。

안녕.

 **학습 목표**

- 아침·점심·저녁 인사를 배워요.
- 상황별 인사 표현을 배워요.

Track 1-1

おはよう
^{오 하 요 -}

"작은 별" 반주에 맞춰 불러 보세요!

아 침 인 사 　お は よう ^{오 하 요 -}　점 심 인 사 　こ ん に ち は ^{콘 니 찌 와}

고 마 울 땐 　あ り が と う ^{아 리 가 또 -}　미 안 할 땐 　ご め ん ね ^{고 멘 네}

저 녁 인 사 　こ ん ば ん は ^{콤 방 와}　내 일 또 만 나 요 　ま た あ し た ^{마 따 아 시 따}

괜 찮 아 요 　だ い じ ょ う ぶ ^{다 이 죠 - 부}　잘 먹 겠 습 니 다 　い た だ き ま す ^{이 따 다 끼 마 스}

재 미 있 는 　あ い さ つ そ ん ぐ ^{아 이 사 쯔 송 구}　우 리 함 께 불 러 요

인사 노래

 단어

오 하 요 -　　　　　　　　콘 니 찌 와　　　　　　　　　　콤 방 와　　　　　　　　　　　마 따 아 시 따
おはよう 안녕(아침 인사) | **こんにちは** 안녕(점심 인사) | **こんばんは** 안녕(저녁 인사) | **またあした** 내일 또 만나 |

아 리 가 또 -　　　　　　고 멘 네　　　　　다 이 죠 - 부　　　　　　이 따 다 끼 마 스　　　　　　　아 이 사 쯔
ありがとう 고마워 | **ごめんね** 미안해 | **だいじょうぶ** 괜찮아 | **いただきます** 잘 먹겠습니다 | **あいさつ** 인사 |

송 구
ソング 노래

단어를 외워요 たんご

단어를 외워요 たんご

1 그림에 알맞은 일본어 스티커를 붙여보세요.

안녕(아침)

안녕(점심)

안녕(저녁)

고마워

미안해

내일 또 만나

말해봐요

1 학교에서 선생님과 친구들이 인사하고 있어요.

Track 1-2

카나 ^{오하요-} おはよう。
안녕.

시우 ^{오하요-} おはよう。
안녕.

선생님 ^{미나상} みなさん、
^{오하요-고자이마스} おはようございます。
여러분, 안녕하세요.

학생 ^{센세-} せんせい、
^{오하요-고자이마스} おはようございます。
선생님, 안녕하세요.

단어

^{오하요-} **おはよう** 안녕(아침 인사) | ^{미나상} **みなさん** 여러분 | ^{오하요-고자이마스} **おはようございます** 안녕하세요(아침 인사) | ^{센세-} **せんせい** 선생님

유이	^{고 멘 네}^{다 이 죠 - 부} ごめんね。だいじょうぶ?
	미안해, 괜찮아?
소라	^웅^{다 이 죠 - 부} うん、だいじょうぶ。
	응, 괜찮아.

유이	^{바 이 바 이} ばいばい。
	잘 가.
소라	^{마 따}^{아 시 따} また、あした。
	내일 또 만나.

 단어

^{고 멘 네}ごめんね 미안해 | ^{다 이 죠 - 부}だいじょうぶ 괜찮아 | ^{바 이 바 이}ばいばい 잘 가 | ^{마 따 아 시 따}またあした 내일 또 만나

연습해요

1 그림을 보고 친구와 함께 말해보세요.

A : <ruby>ご<rt>고</rt></ruby><ruby>め<rt>멘</rt></ruby><ruby>ん<rt></rt></ruby><ruby>ね<rt>네</rt></ruby>。　미안해.

B : <ruby>だ<rt>다</rt></ruby><ruby>い<rt>이</rt></ruby><ruby>じょ<rt>죠</rt></ruby><ruby>う<rt>-</rt></ruby><ruby>ぶ<rt>부</rt></ruby>。　괜찮아.

A : <ruby>ば<rt>바</rt></ruby><ruby>い<rt>이</rt></ruby><ruby>ば<rt>바</rt></ruby><ruby>い<rt>이</rt></ruby>。　잘 가.

B : <ruby>ま<rt>마</rt></ruby><ruby>た<rt>따</rt></ruby>、<ruby>あ<rt>아</rt></ruby><ruby>し<rt>시</rt></ruby><ruby>た<rt>따</rt></ruby>。　내일 또 만나.

A : <ruby>こ<rt>콤</rt></ruby><ruby>ん<rt></rt></ruby><ruby>ば<rt>방</rt></ruby><ruby>ん<rt></rt></ruby><ruby>は<rt>와</rt></ruby>。　안녕.

B : <ruby>こ<rt>콤</rt></ruby><ruby>ん<rt></rt></ruby><ruby>ば<rt>방</rt></ruby><ruby>ん<rt></rt></ruby><ruby>は<rt>와</rt></ruby>。　안녕.

A : <ruby>い<rt>잇</rt></ruby><ruby>っ<rt></rt></ruby><ruby>て<rt>떼</rt></ruby><ruby>き<rt>끼</rt></ruby><ruby>ま<rt>마</rt></ruby><ruby>す<rt>스</rt></ruby>。　다녀오겠습니다.

B : <ruby>い<rt>잇</rt></ruby><ruby>っ<rt></rt></ruby><ruby>て<rt>떼</rt></ruby><ruby>ら<rt>랏</rt></ruby><ruby>っ<rt></rt></ruby><ruby>しゃ<rt>샤</rt></ruby><ruby>い<rt>이</rt></ruby>。　다녀오세요.

<ruby>ご<rt>고</rt></ruby><ruby>め<rt>멘</rt></ruby><ruby>ん<rt></rt></ruby><ruby>ね<rt>네</rt></ruby> 미안해 | <ruby>だ<rt>다</rt></ruby><ruby>い<rt>이</rt></ruby><ruby>じょ<rt>죠</rt></ruby><ruby>う<rt>-</rt></ruby><ruby>ぶ<rt>부</rt></ruby> 괜찮아 | <ruby>ば<rt>바</rt></ruby><ruby>い<rt>이</rt></ruby><ruby>ば<rt>바</rt></ruby><ruby>い<rt>이</rt></ruby> 바이바이 | <ruby>ま<rt>마</rt></ruby><ruby>た<rt>따</rt></ruby><ruby>あ<rt>아</rt></ruby><ruby>し<rt>시</rt></ruby><ruby>た<rt>따</rt></ruby> 내일 또 만나 | <ruby>こ<rt>콤</rt></ruby><ruby>ん<rt></rt></ruby><ruby>ば<rt>방</rt></ruby><ruby>ん<rt></rt></ruby><ruby>は<rt>와</rt></ruby> 안녕(저녁 인사)
<ruby>い<rt>잇</rt></ruby><ruby>っ<rt></rt></ruby><ruby>て<rt>떼</rt></ruby><ruby>き<rt>끼</rt></ruby><ruby>ま<rt>마</rt></ruby><ruby>す<rt>스</rt></ruby> 다녀오겠습니다 | <ruby>い<rt>잇</rt></ruby><ruby>っ<rt></rt></ruby><ruby>て<rt>떼</rt></ruby><ruby>ら<rt>랏</rt></ruby><ruby>っ<rt></rt></ruby><ruby>しゃ<rt>샤</rt></ruby><ruby>い<rt>이</rt></ruby> 다녀오세요

대화를 보고 상황을 상상하면서 친구와 말해보세요.

A: おやすみなさい。
B: おやすみ。

A: いってきます。
B: いってらっしゃい。

A: ごめんね。
B: だいじょうぶ。

A: おはよう。
B: おはようございます。

A: ばいばい。
B: また、あした。

A: ありがとう。
B: どういたしまして。

おやすみなさい 안녕히 주무세요 | いってきます 다녀오겠습니다 | いってらっしゃい 다녀와, 다녀오세요
ごめんね 미안해 | だいじょうぶ 괜찮아 | おはようございます 안녕하세요(아침 인사) | ばいばい 바이바이
またあした 내일 또 만나 | ありがとう 고마워 | どういたしまして 천만에요

함께 놀아요

1 그림을 보고 알맞은 인사카드를 붙여보세요.

고마워

미안해

잘 먹겠습니다

다녀오세요

인사 카드

ごめんね	ありがとう
いってらっしゃい	いただきます

✂ ── 오려서 사용하세요!

들어봐요

🐱 다음을 듣고 알맞은 인사 표현을 고르세요.

❶ ごめんね。

❷ ありがとう。

❸ こんにちは。

❶ また、あした。

❷ いただきます。

❸ おはよう。

❶ だいじょうぶ？

❷ こんばんは。

❸ ばいばい。

· 일본의 설날 ·

일본도 한국과 마찬가지로 설날이 있어요. 일본의 설날을 '**おしょうがつ**(오쇼가츠)'라고 부르는데요, 한국과는 달리 1월 1일을 쇄요. 일본의 설날 풍습은 어떤 것이 있을까요?

1 はつもうで (하츠모데) - 새해 첫 참배

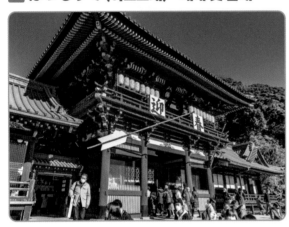

새해가 되면 신사에 가서 참배를 하고, '**おみ くじ**(오미쿠지)'라는 운세 뽑기를 하며 한 해의 운수를 점쳐 보기도 해요. 신사 참배는 설기간동안 가는 것이 일반적이지만, 유명한 신사는 매우 혼잡하기 때문에 날짜나 시간을 조율해서 가는 경우도 있어요.

2 おせちりょうり (오세치 요리) - 정월 음식

설날에 먹는 명절 음식으로써, '**じゅうばこ**(주바코)'라고 부르는 찬합에 여러 가지 식재료를 예쁘고 먹음직스럽게 담아 설날내내 가족들과 함께 먹어요. 재료에는 각각의 의미가 담겨 있는데, 새우는 장수, 검은콩은 성실, 청어알은 자손 번영, 밤 조림은 재물을 뜻해요. 일본 사람들은 맛있고 건강한 오세치 요리로 좋은 기운을 얻으며 신년을 맞이해요.

Track 2

나 마 에 와
なまえは?
이름이 뭐야?

 학습 목표

- 🔍 이름을 물어보고 대답해요.
- 🔍 어느 나라 사람인지 말해요.
- 🔍 자기소개를 해요.

함께 노래해요

Track 2-1

나 마 에
なまえ

"당신은 누구십니까?" 반주에 맞춰 불러 보세요!

오 나 마 에 와
おなまえは
이름이

난 데 스 까
なんですか
뭐예요

와 따 시 와
わたしは
나는

키 무 유 이 데 스
きむゆいです
김 유이입니다

도 - 조
どうぞ
잘

요 로 시 꾸 네
よろしくね
부탁해요

오 나 마 에 와
おなまえは
이름이

난 데 스 까
なんですか
뭐예요

보 꾸 와
ぼくは
나는

이 시 우 데 스
いしうです
이시우입니다

도 - 조
どうぞ
잘

요 로 시 꾸 네
よろしくね
부탁해요

단어

오 나 마 에
おなまえ 다른 사람의 이름, 성함 │ 와
~は ~은 │ 난 데 스 까
なんですか 무엇입니까 │ 와 타 시
わたし 나, 저 │ 보 쿠
ぼく 나(남자들이 쓰는 말) │

데 스
~です ~입니다 │ 도 - 조 요 로 시 꾸
どうぞ よろしく 잘 부탁해요

22

단어를 외워요 _{たんご}

스티커 부록 137쪽

1 그림에 알맞은 일본어 스티커를 붙여보세요.

이름 は 뭐예요 。

나 は きむゆい 입니다 。

잘 부탁해요 。

말해봐요

1 학교에서 선생님과 친구들이 자기소개를 하고 있어요. Track 2-2

선생님 <ruby>お<rt>오</rt></ruby><ruby>な<rt>나</rt></ruby><ruby>ま<rt>마</rt></ruby><ruby>え<rt>에</rt></ruby>は　なんですか。
오 나 마 에 와　난 데 스 까
おなまえは　なんですか。
이름이 뭐예요?

카나 와 따 시 와
わたしは
타 나 카　카 나 데 스
たなか　かなです。
저는 다나카 카나예요.

소라 나 마 에 와
なまえは?
이름이 뭐야?

유이 와 따 시 와　유 이　도 - 조
わたしは　ゆい。どうぞ
요 로 시 꾸　나 마 에 와
よろしく。なまえは?
나는 유이. 잘 부탁해. 이름이 뭐야?

소라 보 꾸 와　소 라
ぼくは　そら。
도 - 조　요 로 시 꾸
どうぞ　よろしく。
나는 소라. 잘 부탁해.

단어

오 나 마 에　　　　　　　와　　　난 데 스 까　　　　　와 따 시　　데 스
おなまえ 이름, 성함 ｜ **~は** ~은 ｜ **なんですか** 뭐예요? ｜ **わたし** 나, 저 ｜ **~です** ~입니다, ~예요 ｜
도 - 조 요 로 시 꾸　　　　　　　　보 꾸
どうぞ よろしく 잘 부탁해요 ｜ **ぼく** 나(남자들이 쓰는 말)

24

선생님 <ruby>みなさん<rt>미 나 상</rt></ruby>、<ruby>はじめまして<rt>하 지 메 마 시 떼</rt></ruby>。

여러분 처음 봬요.

<ruby>わたしは さとう あいです<rt>와 따 시 와 사 또 - 아 이 데 스</rt></ruby>。

저는 사토 아이예요.

<ruby>どうぞ よろしく<rt>도 - 조 요 로 시 꾸</rt></ruby>。

잘 부탁해요.

카나 <ruby>せんせいは<rt>센 세 - 와</rt></ruby>

선생님은 일본인이에요?

<ruby>にほんじんですか<rt>니 혼 진 데 스 까</rt></ruby>。

선생님 <ruby>はい<rt>하 이</rt></ruby>、<ruby>わたしは にほんじんです<rt>와 따 시 와 니 혼 진 데 스</rt></ruby>。

네, 저는 일본인이에요.

<ruby>かなさんは かんこくじんですか<rt>카 나 상 와 캉 꼬 꾸 진 데 스 까</rt></ruby>。

카나는 한국인이에요?

카나 <ruby>いいえ<rt>이 - 에</rt></ruby>、<ruby>わたしも にほんじんです<rt>와 따 시 모 니 혼 진 데 스</rt></ruby>。

아니요, 저도 일본인이에요.

 단어

<ruby>みなさん<rt>미 나 상</rt></ruby> 여러분 | <ruby>はじめまして<rt>하 지 메 마 시 떼</rt></ruby> 처음 뵙겠습니다 | <ruby>せんせい<rt>센 세 -</rt></ruby> 선생님 | <ruby>にほんじん<rt>니 혼 진</rt></ruby> 일본인 | <ruby>はい<rt>하 이</rt></ruby> 네 |
<ruby>~さん<rt>상</rt></ruby> ~씨(이름을 정중하게 말할 때 붙여요) | <ruby>かんこくじん<rt>캉 코 쿠 진</rt></ruby> 한국인 | <ruby>いいえ<rt>이 - 에</rt></ruby> 아니요 | <ruby>~も<rt>모</rt></ruby> ~도

💡 연습해요

① 카드를 보고 예시와 같이 말해보세요.

A : ^{오 나 마 에 와   난 데 스 까} おなまえは なんですか。
이름이 뭐예요?

B : ^{와 따 시 와   타 나 카   카 나 데 스} わたしは たなか かなです。
저는 다나카 카나예요.

A : ^{니 혼 진 데 스 까} にほんじんですか。
일본인이에요?

B : ^{하 이   니 혼 진 데 스} はい、にほんじんです。
네, 일본인이에요.

1
^{캉 꼬 꾸 진}
かんこくじん
^{이 민 지}
い みんじ

2
^{니 혼 진}
にほんじん
^{사 또 료 -}
さとうりょう

3
^{쥬 - 고 꾸 진}
ちゅうごくじん
^{왕 진}
わんじん

🐱 단어

^{오 나 마 에}
おなまえ 이름, 성함 | ^와**〜は** 〜은 | ^{난 데 스 까}**なんですか** 뭐예요? | ^{캉 꼬 꾸 진}**かんこくじん** 한국인 | ^{니 혼 진}**にほんじん** 일본인

^{쥬 - 고 꾸 진}
ちゅうごくじん 중국인 | ^{하 이}**はい** 네 | ^{이 - 에}**いいえ** 아니요

2 친구들과 자기소개를 해보세요.

예시

A : 하지메마시떼 와따시와 키무 히진데스
はじめまして。わたしは <u>きむ ひじん</u>です。

처음 뵙겠습니다. 저는 김희진이에요.

와따시와 캉 꼬꾸 진 데 스 도 - 조 요로시꾸
わたしは <u>かんこくじん</u>です。どうぞ よろしく。

저는 한국인이에요. 잘 부탁드립니다.

B : 하 시메마시떼 보꾸와 모리따 하루데스
はじめまして。ぼくは <u>もりた はる</u>です。

처음 뵙겠습니다. 저는 모리타 하루예요.

보꾸와 니 론 진 데 스 도 - 조 요로시꾸
ぼくは <u>にほんじん</u>です。どうぞ よろしく。

저는 일본인이에요. 잘 부탁드립니다.

하 지메마시떼   와   도 - 조요로시꾸   캉 꼬꾸진   니 론 진
はじめまして 처음 뵙겠습니다 | **~は** ~은 | **どうぞ よろしく** 잘 부탁해요 | **かんこくじん** 한국인 | **にほんじん** 일본인

함께 놀아요

이름표 만들기 게임

놀이 방법

① 도화지에 크레파스를 사용하여 일본어로 내 이름을 적어요.

② 좋아하는 그림을 그려서 이름표를 꾸며요.

③ 친구들 앞에서 이름표를 들고 자기소개를 해요.

④ 자기소개를 잘하면 "よくできました (참 잘했어요)" 스티커를 받아요! ◁ 스티커 부록8

예시

하 지 메 마 시 떼　　와 따 시 와　키 무 유 이 데 스
はじめまして。 わたしは きむゆいです。　처음 뵙겠습니다. 저는 김유이입니다.

와 따 시 와　　캉 꼬 꾸 진 데 스
わたしは かんこくじんです。　저는 한국인입니다.

도 - 조　　요 로 시 꾸
どうぞ、 よろしく。　잘 부탁드립니다.

들어봐요

1 대화를 듣고 빈칸에 들어갈 말을 보기에서 골라 적으세요.

보기

A かんこくじん   B わたし

C よろしく   D おなまえ

A : _____ は なんですか。

B : _____ は しん みんあです。

わたしは_____ です。どうぞ_____。

2 대화를 듣고 알맞은 답을 선으로 연결하세요.

ゆみ ·

·

はる ·

·

· 세츠분 ·

일본에서는 봄이 시작되는 입춘 전날(2월 3일)을 `せつぶん(세츠분)`이라고 해요. 이날이 다가오면 유치원이나 초등학교에서는 미술 시간에 도깨비 탈을 만들어 주로 아버지에게 씌우는데, 이 도깨비 탈을 쓴 아버지를 향하여 "おには そと(도깨비는 밖으로), ふくは うち(복은 안으로)" 라는 구호와 함께 콩을 뿌려요. 옛날부터 콩은 귀신이나 나쁜 것을 쫓아버리는 효과가 있다고 전해지고 옛날 사람들은 병 등 나쁜 일은 모두 귀신의 소행이라고 생각했기 때문에 콩을 뿌리게 된 것이에요. 또한 한 해 동안 행복하기를 바라면서 나이 수만큼 콩을 먹거나 김밥처럼 생긴 `えほうまき(에호마키)`를 자르지 않고 먹는다고 해요.

▲ えほうまき – 에호마키

Track 3

코 노 히 또 와 다 레
この ひとは だれ?
이 사람은 누구야?

 **학습 목표**

♀ 가족 명칭을 배워요.

♀ 가족을 소개해요.

함께 노래해요 ♪♫

Track 3-1

카 조 꾸
かぞく

"곰 세마리" 반주에 맞춰 불러 보세요!

오까 상　　　　　　오또 상　　　　　　　　　　오네 상
엄마는 おかあ さん　아빠는 おとおさん　언 니 누나는　おねえ さん

이 모 또　　　　　　　　오 또 또
여 동 생 은　いもおと　남 동 생 은　おとうと

오 니 상　　　　　　카 조 꾸 민 나 다이 스 끼
오 빠 형 은　おにいさん　かぞくみんな だいすき

가족 모두 너무 좋아

단어

오까 상　　　　　오또 상　　　　　오네 상　　　　　이 모 또　　　　　오 또 또
おかあさん 엄마 | **おとうさん** 아빠 | **おねえさん** 언니, 누나 | **いもうと** 여동생 | **おとうと** 남동생
오 니 상　　　　　카 조 꾸　　　　민 나　　　　다이 스 끼
おにいさん 오빠, 형 | **かぞく** 가족 | **みんな** 모두 | **だいすき** 좋다

단어를 외워요 たんご

스티커 부록 139쪽

1 그림에 알맞은 일본어 스티커를 붙여보세요.

할아버지

할머니

아빠

엄마

오빠　　　언니　　　남동생　　　여동생

나

말해봐요

1 친구들이 가족을 소개하고 있어요.

Track **3-3**

시우   _{유 이 상} _{코 노} _{히 또 와} _{다 레}
ゆいさん、この ひとは だれ?

유이야, 이 사람은 누구야?

유이   _{우 찌 노} _{오 까 ─ 상}
うちの おかあさん。

우리 엄마.

시우   _{코 노} _{히 또 와}
この ひとは?

이 사람은?

유이   _{와 따 시 노} _{오 또 ─ 또}
わたしの おとうと。

내 남동생.

 단어

_{코 노} | _{히 또} | _{다 레} | _{우 찌} | _노 | _{오 까 ─ 상} | _{오 또 ─ 또}
この 이 | **ひと** 사람 | **だれ** 누구 | **うち** 우리 | **~の** ~의 | **おかあさん** 엄마 | **おとうと** 남동생

소라
코 노　히 또 와　다 레 데 스 까
この ひとは だれですか。
이 사람은 누구예요?

카나
와 따 시 노　이 모 - 또 데 스
わたしの いもうとです。
제 여동생이에요.

소라
카 와 이 - 데 스 네
かわいいですね。
귀엽네요.

카나
아 리 가 또 - 고 자 이 마 스
ありがとうございます。
고맙습니다.

 단어

코 노　　　　히 또　　　다 레 데 스 까　　　　　　이 모 - 또　　　　카 와 이 -
この 이 | **ひと** 사람 | **だれですか** 누구입니까? | **いもうと** 여동생 | **かわいい** 귀엽다 |
아 리 가 또 - 고 자 이 마 스
ありがとうございます 고맙습니다

연습해요

1 그림을 보고 예시와 같이 가족 구성원을 말해보세요.

예시

_와 _{따시노} _{카조꾸와}
わたしの かぞくは

_{오또-} _상 _또 _{오까-} _상 _또
おとうさんと おかあさんと

_{오네-} _상 _또 _{와따시데스}
おねえさんと わたしです。

1

2

 단어

_{와따시노}
わたしの 나의, 저의 ｜ _{카조꾸} かぞく 가족 ｜ _또 ～と ～와, ～랑

36

2 나의 가족 구성원을 적어 소개한 후, 친구의 가족 구성원을 듣고 적어보세요.

わたしの かぞく   _____の かぞく

1 _____   1 _____

2 _____   2 _____

3 _____   3 _____

4 _____   4 _____

5 _____   5 _____

わたしの かぞくは

_____と _____と _____と _____です。

함께 놀아요

빨리 말하기 게임

놀이 방법

1 4~5명이 한 팀이 되어요.

2 손을 먼저 든 사람부터 그림의 윗줄 가장 왼쪽부터 차례대로 말해요.

3 말하다가 멈추거나 틀리면 다음 사람에게 기회가 넘어가요.

4 가장 짧은 시간 내에 모든 구성원을 정확하게 말한 팀이 "よくできました (참 잘했어요)" 스티커를 받아요! ◀ 스티커 부록 8

1 대화를 듣고 설명하고 있는 사람을 고르세요.

2 다음을 듣고 등장하지 <u>않는</u> 사람을 고르세요.

① おとうさん　　② おねえさん

③ いもうと　　　④ おにいさん

· 히나마쓰리 ·

일본에서는 3월 3일에 'ひなまつり(히나마쓰리)'라는 행사가 있어요. 이날은 여자아이들의 건강과 행복을 기원하며 하나 인형을 장식하는 전통 행사예요. 복숭아꽃이 피는 시기라는 의미에서 'もものせっく(모모노셋쿠)'라고 부르기도 해요.

1 ひなだん・ひなにんぎょう - 히나단·히나인형

여자아이의 건강한 성장을 기원하며 계단식으로 되어 있는 히나단에 히나인형을 장식해요.

2 ちらしずし - 치라시즈시

새우나 연근, 연어알 등 여러 가지 식재료를 혼합해서 만든 히나마쓰리의 대표 음식이에요.

3 ひなあられ - 히나아라레

봄(홍색), 여름(녹색), 가을(황색), 겨울(백색)을 뜻하는 네 가지 색으로 만든 과자예요. 일 년 내내 건강하게 자라라는 의미가 있어요.

4 ひしもち - 히시모치

초록색, 하얀색, 분홍색의 세 가지 색으로 만든 떡이에요. 건강을 빌고 액을 막아준다는 의미가 있어요.

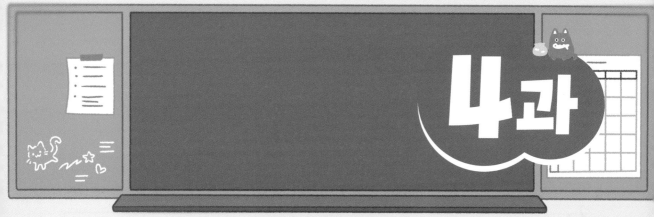

Track 4

これ、なあに?

코 레　　나 - 니

이거 뭐야?

 학습 목표

🔍 물건을 가리키는 표현을 배워요.

🔍 물건 이름을 배워요.

🔍 누구의 것인지 물어보고 대답해요.

함께 노래해요

Track 4-1

これ、なあに？
코 레 　 나 - 니

"징글벨" 반주에 맞춰 불러 보세요!

코 레　　나 - 니　　소 레 카 방　　아 레 와　나 - 　니

これ、なあに？　それ　かばん　あれは　な　あ　に？

이거　　뭐야?　　그거　가방이야　저건　　　　뭐야?

아　레 카 사 다　　레　노?　와 따 시　　노　요

あれ　かさだ　　れ　の?　わたし　　の　よ

저건　　우산이야　누구 거야?　　　　내 거야

코 레　　나 - 니　　소 레 카 방　　아 레 와　나 - 　니

これ、なあに？　それ　かばん　あれは　な　あ　に？

이거　　뭐야?　　그거　가방이야　저건　　　　뭐야?

아　레 카 사 다　　레　노?　보 꾸　노　　　요

あれ　かさだ　　れ　の?　ぼく　の　　　よ

저건　　우산이야　누구 거야?　　　　내 거야

 단어

코 레 これ 이것 ┃ 나 - 니 なあに 뭐야 ┃ 소 레 それ 그것 ┃ 카 방 かばん 가방 ┃ 아 레 あれ 저것 ┃ 와 ~は ~은, 는 ┃ 카 사 かさ 우산 ┃ 다 레 だれ 누구 ┃ 노 ~の ~의 것

단어를 외워요 <ruby>たんご<rt></rt></ruby>

1 그림에 알맞은 일본어 스티커를 붙여보세요.

이거 なあに?

그거 は 우산 だよ。

저거 누구 거야 ?

내 거야 。

말해봐요

1 학교에서 선생님과 친구들이 이야기하고 있어요.

카나 それ、なあに?
그거 뭐야?

시우 ぺんけーすだよ。
필통이야.

카나 じゃあ、あれは?
그럼, 저거는?

시우 あれは かさだよ。
저건 우산이야.

소라 これ、だれの?
이거 누구 거야?

유이 わたしのだよ。
내 거야.

소라 それは?
그것은?

유이 しうさんのだよ。
시우 거야.

단어

それ 그거 | なあに? 뭐야? | ぺんけーす 필통 | ~だよ ~야 | じゃあ 그럼 | あれ 저거 | かさ 우산 | これ 이거 |
だれ 누구 | ~の ~거

선생님 <ruby>し<rt>시</rt></ruby><ruby>う<rt>우</rt></ruby><ruby>さん<rt>상</rt></ruby>、<ruby>それ<rt>소 레</rt></ruby>は <ruby>なん<rt>난</rt></ruby>です<ruby>か<rt>스 까</rt></ruby>。

시우야, 그건 뭐예요?

시우 <ruby>これ<rt>코 레</rt></ruby>は <ruby>かばん<rt>카 방</rt></ruby><ruby>です<rt>데 스</rt></ruby>。

이건 가방이에요.

선생님 <ruby>だれ<rt>다 레</rt></ruby>の<ruby>ですか<rt>노 데 스 까</rt></ruby>。

누구 거예요?

시우 <ruby>ぼく<rt>보 꾸</rt></ruby>の<ruby>です<rt>노 데 스</rt></ruby>。

제 거예요.

선생님 <ruby>じゃあ<rt>쟈 -</rt></ruby>、<ruby>かたづけて<rt>카 따 즈 께 떼</rt></ruby>。

그럼, 치우도록 해.

 단어

<ruby>それ<rt>소 레</rt></ruby> 그거 | <ruby>なんですか?<rt>난 데 스 까</rt></ruby> 뭐예요? | <ruby>これ<rt>코 레</rt></ruby> 이거 | <ruby>かばん<rt>카 방</rt></ruby> 가방 | <ruby>だれの<rt>다 레 노</rt></ruby> 누구 거 | <ruby>ぼくの<rt>보 꾸 노</rt></ruby> 내 거 | <ruby>じゃあ<rt>쟈 -</rt></ruby> 그럼 |
<ruby>かたづけて<rt>카 따 즈 께 떼</rt></ruby> 치워줘

연습해요

1 그림을 보고 예시와 같이 말해보세요.

えんぴつ せんせい

ほん そら

かさ しう

ぺんけーす かな

かばん ゆい

예시

코 레 나-니
A : **これ　なあに?**　　　　이거 뭐야?

소 레와　엠 피 쯔다요
B : **それは　えんぴつだよ。**　　그건 연필이야.

다 레 노
A : **だれの?**　　　　누구거야?

센 세-노
B : **せんせいの。**　　　　선생님 거야.

단어

코 레　　　　나 - 니　　　　　소 레　　　다 요　　　다 레 노　　　센 세 -　　　엠 피 쯔
これ 이거 | **なあに?** 뭐야? | **それ** 그거 | **~だよ** ~야 | **だれの** 누구 거 | **せんせい** 선생님 | **えんぴつ** 연필
펜 케-스　　　　통
ぺんけーす 필통 | **ほん** 책

예시

A: この ほんは だれのですか。　　　　　　이 책은 누구 거예요?
<small>코 노　　　　홍　와 다 레 노 데 스 까</small>

B: しうさんのです。　　　　　　　　　　　시우 거예요.
<small>시 우 상　　노 데 스</small>

A: じゃあ、この かさは だれのですか。　그럼, 이 우산은 누구 거예요?
<small>쟈 -　　코 노　가 시　다 레 노 네 스 까</small>

B: わたしのです。　　　　　　　　　　　제 거예요.
<small>와 따 시 노 데 스</small>

단어

この 이　　ほん 책
<small>코 노　　　　홍</small>

함께 놀아요

맞춰보세요 게임

놀이 방법

1 스티커 페이지에서 마음에 드는 물건을 하나씩 왼쪽 칸에 붙이고 누구의 물건인지 오른쪽 칸에 적어요. (ともだち、せんせい、わたし) `스티커 부록 139쪽`

2 가위바위보를 해서 이긴 사람이 예시처럼 질문해요.

3 물건과 누구 건지를 많이 맞춘 사람이 "よくできました (참 잘했어요)" 스티커를 받아요! `스티커 부록 8`

예시
소 레 와 카 방 데 스 까
A : **それは かばんですか。** 그건 가방입니까?

하 이   소 - 데 스   이 - 에   치 가 이 마 스   가위바위보 다시!
B : **はい、そうです。** 네, 맞습니다. / **いいえ、ちがいます。** 아니요, 틀립니다.

와 따 시 노 데 스 까
A : **わたしのですか。** 내 거에요?

하 이   소 - 데 스   스티커 획득! 이 - 에   치 가 이 마 스   가위바위보 다시!
B : **はい、そうです。** 네, 맞습니다 / **いいえ、ちがいます。** 아니요, 틀립니다.

なあに？	だれの？

단어

케 시 고 무
けしごむ 지우개

들어봐요

1 대화를 듣고 설명하고 있는 물건을 보기에서 골라 적으세요.

1	2	3

보기

A	B	C
	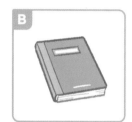	

2 대화를 듣고 알맞은 답을 선으로 연결하세요.

 ·

·   ゆい

  ·

·   しう

  ·

·   かな

일본이 궁금해요

· 란도셀 ·

우리나라는 3월에 입학식이 있는데 일본은 4월에 입학식이 있고 새 학기를 맞이해요.

초등학생들은 'らんどせる(란도셀)'이라고 불리는 책가방을 메고 다녀요. 란도셀은 가죽으로 된 가방으로 무겁고 커서 처음 초등학교에 입학했을 때는 아이가 가방을 메고 다니는지, 가방이 아이를 메고 다니는지 모를 정도예요. 하지만 튼튼하기 때문에 초등학교를 졸업할 때까지 사용할 수 있고, 잘못해서 뒤로 넘어졌을 때 머리가 바닥에 부딪치지 않게 보호해주는 역할도 있다고 해요.

▲ らんどせる - 란도셀

5과

Track 5

でんわばんごう
(뎅 와 방 고 -)

おしえて!
(오 시 에 떼)

전화번호 가르쳐줘!

 **학습 목표**

- 숫자를 배워요.
- 전화번호를 물어보고 대답해요.

함께 노래해요

いち・に・さん・し
(이 찌 니 산 시)

"프레르 자크" 반주에 맞춰 불러 보세요!

いち に さん し いち に さん し
일 이 삼 사 일 이 삼 사

ご ろく ご ろく
(고) (로꾸) (고) (로꾸)
오 육 오 육

しち は ち きゅう じゅう しち は ち きゅう じゅう
(시 찌 하 찌 큐- 쥬-) (시 찌 하 찌 큐- 쥬-)
칠 팔 구 십 칠 팔 구 십

でんわばん ごう おしえて
(뎅 와 방) (고-) (오 시 에 떼)
전화번호 가르쳐줘

단어

いち 일 | に 이 | さん 삼 | し 사 | ご 오 | ろく 육 | しち 칠 | はち 팔 | きゅう 구 | じゅう 십
(이찌) (니) (산) (시) (고) (로꾸) (시찌) (하찌) (큐-) (쥬-)
でんわばんごう 전화번호 | おしえて 가르쳐줘
(뎅와방고-) (오시에떼)

단어를 외워요 たんご

0	1	2	3	4	5
제로·레- ぜろ·れい	이찌 いち	니 に	산 さん	욘·시 よん·し	고 ご

6	7	8	9	10
로꾸 ろく	나나·시찌 なな·しち	하찌 はち	큐-·쿠 きゅう·く	쥬- じゅう

예시 큰 숫자 읽는 법

28　니 쥬-하찌 にじゅうはち　2·10·8 = 니 쥬- 하찌 に·じゅう·はち

① 스티커를 붙여보세요.

14	스티커	23	스티커
36	스티커	41	스티커
52	스티커	67	스티커
79	스티커	84	스티커
91	스티커	100	ひゃく

1 선생님과 친구들이 전화번호를 알려주고 있어요.   Track **5-3**

전화번호 읽는 법

0	1	2	3	4	5
제 로 ぜろ	이 피 いち	니 に	산 さん	욘 よん	고 ご

6	7	8	9	-
로꾸 ろく	나 나 なな	하 찌 はち	큐 - きゅう	노 の

소라 　カ ナ　 상
かなさん、
　 뎅 와 방 고 -　 오 시 에 떼
でんわばんごう おしえて。

카나야, 전화번호 가르쳐줘.

카나 　와 따 시 노　 뎅 와 방 고 - 와
わたしの でんわばんごうは
제로 이찌 제로 노 니 나나 나나 고 노 이찌 큐- 니 고
0 1 0 - 2 7 7 5 - 1 9 2 5 。

내 전화번호는 010-2775-1925.

단어 〰〰〰〰〰〰〰〰〰〰〰〰〰〰〰〰〰〰〰〰〰〰〰〰

뎅 와 방 고 -
でんわばんごう 전화번호 | 오시에떼
おしえて 가르쳐줘 | 와 따 시 노
わたしの 나의

54

카나 <ruby>そら<rt>소 라</rt></ruby><ruby>さん<rt>상</rt></ruby><ruby>の<rt>노</rt></ruby>
<ruby>でんわばんごう<rt>뎅 와 방 고- 와</rt></ruby>は?

소라 전화번호는?

소라 <ruby>わたし<rt>와 따 시</rt></ruby><ruby>の<rt>노</rt></ruby> <ruby>でんわばんごう<rt>뎅 와 방 고- 와</rt></ruby>は
<ruby>010-3526-6392<rt>제로 이찌 제로 노 산 고 니 로꾸 노로꾸 산 큐- 니</rt></ruby>。

내 전화번호는 010-3526-6392.

카나 <ruby>せんせい<rt>센 세-</rt></ruby><ruby>の<rt>노</rt></ruby> <ruby>でんわばんごう<rt>뎅 와 방 고- 와</rt></ruby>は
<ruby>なんばんですか<rt>남 방 데스 까</rt></ruby>。

선생님 전화번호는 몇 번이에요?

선생님 <ruby>わたし<rt>와 따 시</rt></ruby><ruby>の<rt>노</rt></ruby> <ruby>でんわばんごう<rt>뎅 와 방 고- 와</rt></ruby>は
<ruby>010-9751-7601<rt>제로 이찌 제로 노 큐- 나나 고 이치 노 나나 로꾸 제로 이찌</rt></ruby>です。

내 전화번호는 010-9751-7601이에요.

 단어

<ruby>でんわばんごう<rt>뎅 와 방 고-</rt></ruby> 전화번호 | <ruby>なんばん<rt>남 방</rt></ruby> 몇 번

1 친구와 함께 숫자를 쓰고 말해보세요.

방법

1 1에서 20 사이의 수 중 10개를 친구에게 보이지 않게 적어요.

2 친구에게 내가 적은 숫자를 일본어로 말해요.

3 친구가 불러주는 숫자를 적어요.

4 숫자를 올바르게 적었는지 서로 확인해요.

나

친구

빈칸에 들어갈 숫자를 히라가나로 적어보세요.

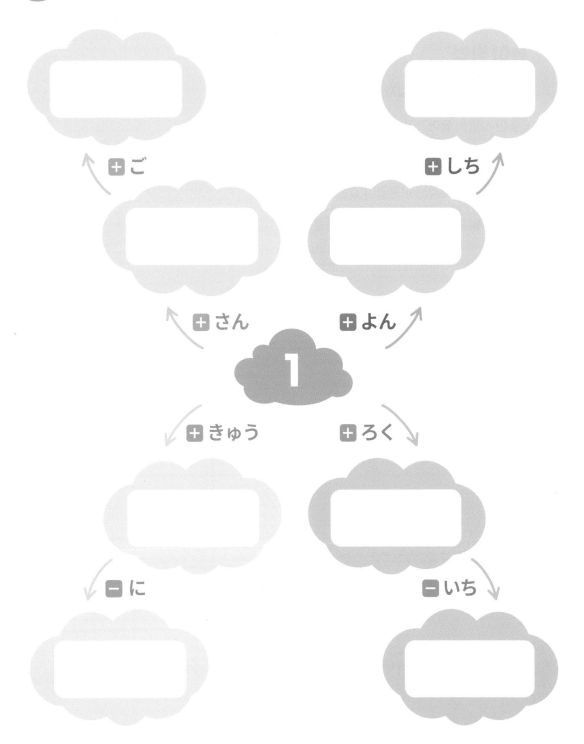

빙고 게임

놀이 방법

1 빙고판에 1에서 36까지 숫자를 적어요.

2 한 사람씩 돌아가며 일본어로 숫자를 말해요.

3 친구가 불러주는 숫자를 지워요.

4 가로 세로 대각선 상관없이 같은 줄에 5개씩 3줄이 완성되면 빙고를 외쳐요.

5 먼저 빙고를 외친 사람이 "よくできました (참 잘했어요)" 스티커를 받아요! 스티커 부록 8

빙고!

들어봐요

1 다음을 듣고 빈칸에 들어갈 숫자를 고르세요.

1

| 82 | 86 | ? |

にほんの くにばんごうは ＿＿＿＿＿ です。

❶ 80　　　　❷ 87　　　　❸ 81

2

Wi-Fi ZONE

ID : DONGYANGBOOKS
PW : 　　　?

Wi-Fiの ばんごうは ＿＿＿＿＿ です。

❶ 1 1 1 3 6 9　　　　❷ 1 2 1 3 7 9

❸ 1 1 1 3 7 9　　　　❹ 1 1 1 4 7 9

단어

쿠니 방 고ー
くにばんごう 국가번호

· 일본의 다양한 자판기 ·

　일본에는 우리나라보다 자동판매기가 많이 설치되어 있어요. 한국에서는 자동판매기 하면 지하철에 설치되어 있는 음료수나 과자 자동판매기를 떠올리는 경우가 많지만, 일본에서는 신기한 자동판매기가 많이 있어서, 자동판매기를 찾아 구경하는 재미도 있답니다.

　음료수나 술, 담배뿐만 아니라, 꽃, 케이크, 쌀, 야채, 과일, 오뎅, 냉동, 만두, 계란 심지어는 곤충 자판기까지 있어요. 신기한 자판기를 찾아 일본 여행을 떠나보는 건 어떨까요?

1 냉동만두 자판기

2 바나나 자판기

3 계란 자판기

4 곤충 자판기

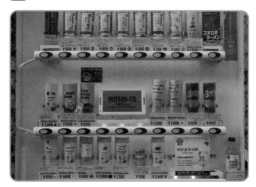

いま なんじ?

(이 마 난 지)

지금 몇 시야?

 **학습 목표**

- 시간을 물어보고 대답해요.
- [~부터 ~까지] 표현을 배워요.
- 하루 일과를 말해요.

<ruby>なん<rt>난</rt></ruby><ruby>じ<rt>지</rt></ruby>？

함께 노래해요

"열 꼬마 인디언" 반주에 맞춰 불러 보세요!

いちじ	にじ	さんじ	よじ
한 시	두 시	세 시	네 시

ごじ	ろくじ	しちじ	はちじ
다섯 시	여섯 시	일곱 시	여덟 시

くじ	じゅうじ	じゅういちじ	じゅうにじ
아홉 시	열 시	열한 시	열두 시

いま	なんじ
지금	몇 시?

단어

いちじ 한시 | にじ 두시 | さんじ 세시 | よじ 네시 | ごじ 다섯시 | ろくじ 여섯시 | しちじ 일곱시 | はちじ 여덟시
くじ 아홉시 | じゅうじ 열시 | じゅういちじ 열한시 | じゅうにじ 열두시 | いま 지금 | なんじ 몇시

いちじ	にじ	さんじ	よじ

ごじ	ろくじ	しちじ	はちじ

くじ	じゅうじ	じゅういちじ	じゅうにじ

1 스티커를 붙여보세요.

いま、 몇 시 ?

03:00 07:00 04:00 12:00

1 친구들이 시간을 물어보고 있어요.

Track 6-3

| 카나 | <ruby>お<rt>오</rt></ruby>かあさん、いま なんじ。 | 엄마, 지금 몇 시야? |

카나　おかあさん、いま なんじ。　엄마, 지금 몇 시야?
（오까-상　이마　난지）

엄마　9じよ。はやく ねなさい。　9시야. 빨리 자
（쿠지요　하야꾸　네나사이）

카나　はい、おやすみなさい。　네. 안녕히 주무세요
（하이　오야스미나사이）

엄마　おやすみ。　잘 자.
（오야스미）

단어

| おかあさん 엄마 | いま 지금 | なんじ 몇 시 | はやく 빨리 | ねなさい 자, 자거라 | おやすみなさい 안녕히 주무세요 |

おやすみ 잘 자

	월요일	화요일	수요일	목요일	금요일
1	국어	수학	창체	수학	수학
2	수학	안전	국어	통합	국어
3	통합	창체	통합	통합	국어
4	통합	국어	통합	국어	통합
	즐거운 점심시간 12:00~1:00				
5			통합		통합

유이 ひるごはんは なんじから？
점심은 몇 시부터야?

소라 じゅうにじからだよ。
12시부터야.

유이 なんじまで？
몇 시까지야?

소라 いちじまでだよ。
1시까지야.

선생님 しうさん、いま なんじですか。
시우야, 지금 몇 시예요?

시우 くじはんです。
9시 반이에요..

선생님 がっこうは くじからです。ちこくですよ。
학교는 9시부터예요. 지각이에요.

시우 ごめんなさい。
죄송해요.

 단어

ひるごはん 점심 | なんじ 몇 시 | ～から ～부터 | ～まで ～까지 | はん 반 | がっこう 학교 | ちこく 지각 |
ごめんなさい 죄송해요

연습해요

1 그림을 보고 예시와 같이 말해보세요.

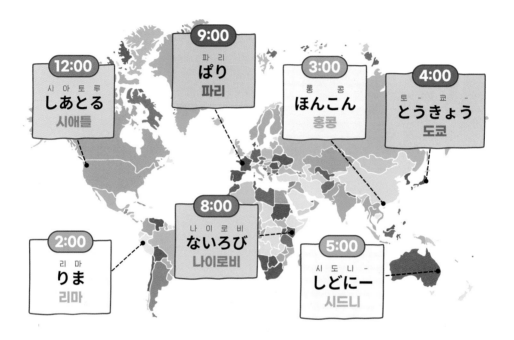

12:00
시아토루
しあとる
시애틀

9:00
파리
ぱり
파리

3:00
홍콩
ほんこん
홍콩

4:00
토쿄-
とうきょう
도쿄

8:00
나이로비
ないろび
나이로비

2:00
리마
りま
리마

5:00
시도니-
しどにー
시드니

예시

A: <u>ほんこん</u>は いま なんじですか。　홍콩은 지금 몇 시예요?
　　통 콩 와 이마 난 지데스까

B: <u>さんじ</u>です。　3시입니다.
　　산 지데스

단어

しあとる 시애틀 │ りま 리마 │ ぱり 파리 │ ないろび 나이로비 │ ほんこん 홍콩 │ しどにー 시드니
시아토루　　　　　리마　　　　파리　　　　나이로비　　　　　　통 콩　　　　　시도니-
とうきょう 도쿄 │ いま 지금 │ なんじですか 몇 시예요?
토-쿄-　　　　　이마　　　난 지데스까

2 하루 일과표를 보고 예시와 같이 말해보세요.

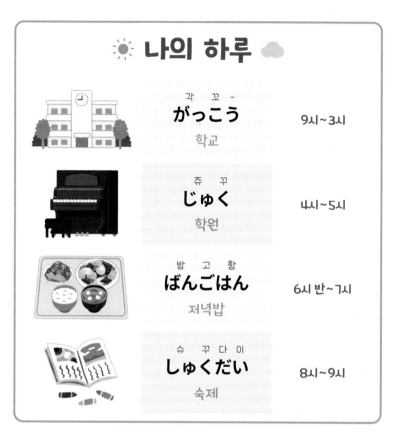

☀ **나의 하루** ☁

^{각 꼬-}
がっこう 9시~3시
학교

^{쥬 꾸}
じゅく 4시~5시
학원

^{방 고 항}
ばんごはん 6시 반~7시
저녁밥

^{슈 꾸 다 이}
しゅくだい 8시~9시
숙제

예시

A: ^{각 꼬- 와 난 지 까 라 데 스 까}
がっこうは なんじからですか。 학교는 몇 시부터예요?

B: ^{쿠 지 까 라 데 스}
くじからです。 9시부터예요.

A: ^{난 지 마 데 데 스 까}
なんじまでですか。 몇 시까지예요?

B: ^{산 지 마 데 데 스}
さんじまでです。 3시까지예요.

 단어

^{각 꼬-} がっこう 학교 | ^{쥬 꾸} じゅく 학원 | ^{방 고 항} ばんごはん 저녁밥 | ^{슈 꾸 다 이} しゅくだい 숙제 | ^{난 지} なんじ 몇 시 | ^{까 라} ~から ~부터 | ^{마 데} ~まで ~까지

시간 말하기 게임

놀이 방법

① 시간이 쓰여 있는 카드를 오려서 뒤집어 놓아요.

② 가위바위보를 해서 이긴 사람이 카드를 골라 뒤집어요.

③ 진 사람이 몇 시인지 물어보고, 이긴 사람이 시간을 말해요.

④ 시간을 틀리지 않고 대답하면 카드를 가져가요.

예시   진 사람 : **いま なんじ?** 지금 몇 시야?

　　　　이긴 사람 : **にじ。** 2시야.

⑤ 카드를 많이 모은 사람이 "**よくできました** (참 잘했어요)" 스티커를 받아요! 스티커 부록 8

예시 카드

✂ ── 오려서 사용하세요!

4:00	**7:00**
9:00	**12:00**
3:30	**6:30**

Track 6-4

1 대화를 듣고 지금 몇 시인지 보기에서 골라 적으세요.

1	2	3

보기

2 대화를 듣고 알맞은 답을 선으로 연결하세요.

1 がっこう • • 7:30 ~ 8:00

2 じゅく • • 4:00 ~ 5:30

3 ばんごはん • • 9:00 ~ 3:00

일본이 궁금해요

· 장마철과 테루테루보즈 ·

　일본은 6월 초에서 7월 중순까지가 장마철인데요. '**てるてるぼうず**(테루테루보즈)'는 맑은 날씨를 불러온다는 일본의 인형이에요. 하얀색 천에 눈사람의 머리 모양을 하고 있어요. 처마 밑에 걸어두면 날씨가 맑아진다고 해서 소풍이나 여행을 가기 전에 비가 내리면 걸어둡니다. 반대로 거꾸로 매달아 놓으면 비를 불러온다고 해요. 이럴 때는 '**ふれふれぼうず**(후레후레보즈)', '**あめあめぼうず**(아메아메보즈)', '**るてるてぼうず**(루테루테보즈)' 같은 이름으로 부르기도 해요. 테루테루보즈는 얼굴을 그리면 비가 내린다는 속설이 있지만, 요즘은 무시하고 귀엽게 눈과 입을 많이 그리기도 한대요.

▲ **てるてるぼうず** -테루테루보즈

Track 7

코 - 와 난 요 - 비

きょうは なんようび?

오늘은 무슨 요일이야?

 학습 목표

◦ 요일을 물어보고 대답해요.

◦ 요일별 계획을 말해요.

함께 노래해요

요-비
ようび

"거미가 줄을 타고 내려갑니다" 반주에 맞춰 불러 보세요!

게 쯔 요 - 비 카 요 - 비 스 이 요 - 비
げ つ よ う び か よ う び す い よ う び
월요일　　　　　화요일　　　　　수요일

모 꾸 요 - 비 킹 요 - 비 도 요 - 비
も く よ う び き ん よ う び ど よ う び
목요일　　　　　금요일　　　　　토요일

니 찌 요 - 비 테 잇 슈 - 깡
に ち よ う び で いっ しゅ う かん
일요일로　　　　　　　일주일

게 쯔 카 스 이 모 꾸 킹 도 니 찌
げ つ か す い も く き ん ど に ち
월 화 수 목 　금 토 일

단어

게쯔요-비 **げつようび** 월요일 │ 카요-비 **かようび** 화요일 │ 스이요-비 **すいようび** 수요일 │ 모꾸요-비 **もくようび** 목요일 │ 킹요-비 **きんようび** 금요일
도요-비 **どようび** 토요일 │ 니치요-비 **にちようび** 일요일 │ 잇슈-깡 **いっしゅうかん** 일주일

단어를 외워요 たんご

스티커 부록 143쪽

1 월요일부터 일요일까지 스티커를 붙여보세요.

월요일	스티커
화요일	스티커
수요일	스티커
목요일	스티커
금요일	스티커
토요일	스티커
일요일	스티커

말해봐요

1 친구들이 요일을 물어보고 있어요.

Track ㄱ-2

유이
^{쿄 - 와 난 요 - 비}
きょうは なんようび?

오늘은 무슨 요일이야?

시우
^{쿄 - 와 킹 요 - 비}
きょうは きんようび。

오늘은 금요일.

유이
^{킹 요 - 비와}
きんようびは
^{피아노 쿄 - 시쯔}
ぴあのきょうしつ?

금요일은 피아노 교실?

시우
^{우 - 응 피아노}
ううん、ぴあの
^{쿄 - 시쯔와 모꾸요 - 비}
きょうしつは もくようび。

아니, 피아노 교실은 목요일이야.

단어

^{쿄 -}
きょう 오늘 | ^{난요 - 비} なんようび 무슨 요일 | ^{킹 요 - 비} きんようび 금요일 | ^{피아노쿄 - 시쯔} ぴあのきょうしつ 피아노 교실 | ^{모꾸요 - 비} もくようび 목요일

카나 <ruby>ゆ<rt>유</rt></ruby><ruby>い<rt>이</rt></ruby>さんの
<ruby>たんじょうび<rt>탄 죠 - 비</rt></ruby>は
<ruby>なんようび<rt>난 요 - 비</rt></ruby>?

유이의 생일은 무슨 요일이야?

소라 <ruby>どようび<rt>도 요 - 비</rt></ruby>。

토요일.

시우 <ruby>えいご<rt>에 - 고</rt></ruby>の <ruby>しけん<rt>시 켕</rt></ruby>は
<ruby>なんようびですか<rt>난 요 - 비데스 까</rt></ruby>。

영어 시험은 무슨 요일이에요?

선생님 <ruby>えいご<rt>에 - 고</rt></ruby>の <ruby>しけん<rt>시 켕</rt></ruby>は
<ruby>かようびです<rt>카 요 - 비데 쓰</rt></ruby>。

영어 시험은 화요일이에요.

 단어

<ruby>たんじょうび<rt>탄 죠 - 비</rt></ruby> 생일 | <ruby>なんようび<rt>난 요 - 비</rt></ruby> 무슨 요일 | <ruby>どようび<rt>도 요 - 비</rt></ruby> 토요일 | <ruby>えいご<rt>에 - 고</rt></ruby> 영어 | <ruby>しけん<rt>시 켕</rt></ruby> 시험 | <ruby>かようび<rt>카 - 요 - 비</rt></ruby> 화요일

1 친구와 함께 일주일 계획을 말해보세요.

방법

1 짝꿍과 A와 B가 되어 보기의 ①번부터 ⑤번까지의 스케줄을 원하는 요일에 채워요.

2 한 사람씩 번갈아 가면서 월요일부터 금요일까지 스케줄을 말해요.

3 스케줄을 듣고 상대방 시트 요일 칸에 번호를 적어요.

4 요일 별로 스케줄을 번호를 올바르게 적었는지 확인해요.

예시
게쯔요-비와 토모다찌또 야꾸소꾸
A: **げつようびは ともだちと やくそく** 월요일은 친구랑 약속

카요-비와 야 큐-노 시아이
B: **かようびは やきゅうの しあい** 화요일은 야구 시합

A	
게쯔요-비 **げつようび**	
카요-비 **かようび**	
스이요-비 **すいようび**	
모꾸요-비 **もくようび**	
킹요-비 **きんようび**	

B	
게쯔요-비 **げつようび**	
카요-비 **かようび**	
스이요-비 **すいようび**	
모꾸요-비 **もくようび**	
킹요-비 **きんようび**	

보기

토모다피또 야꾸소꾸
① **ともだちと やくそく**

센세-노 탄 죠-비
② **せんせいの たんじょうび**

에-고노시 켐
③ **えいごの しけん**

피아노 쿄-시쯔
④ **ぴあのきょうしつ**

야 큐-노시아이
⑤ **やきゅうの しあい**

단어

토모다피 또 야꾸소꾸 탄 죠-비 에-고노시 켐
ともだち 친구 ~**と** ~와,랑 **やくそく** 약속 **たんじょうび** 생일 **えいごのしけん** 영어시험
피아노 쿄-시쯔 야 큐-노시아이
ぴあのきょうしつ 피아노교실 **やきゅうのしあい** 야구시합

76

2 친구와 A와 B를 각각 맡아 서로의 시트를 가리고 각 기관의 휴일을 묻고 말해보세요.

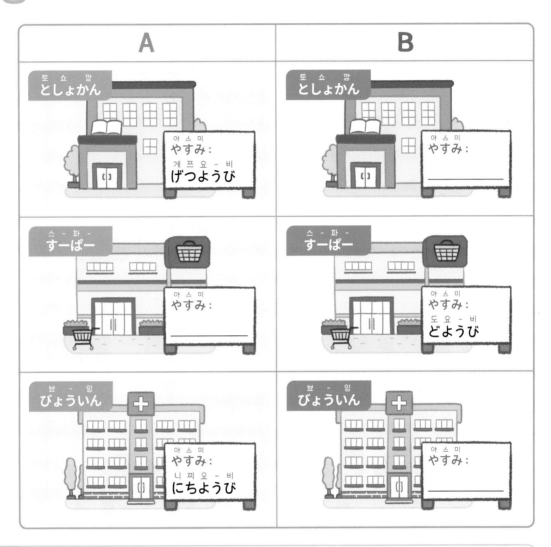

A	B
としょかん [토쇼깡] やすみ [야스미]: げつようび [게쯔요-비]	としょかん [토쇼깡] やすみ [야스미]: _____
すーぱー [스-파-] やすみ [야스미]: _____	すーぱー [스-파-] やすみ [야스미]: どようび [도요-비]
びょういん [뵤-잉] やすみ [야스미]: にちようび [니찌요-비]	びょういん [뵤-잉] やすみ [야스미]: _____

예시

A: びじゅつかんの やすみは [비쥬쯔깡 노 야스미와]
なんようびですか。 [난요-비데스까]

미술관의 휴일은 무슨 요일입니까?

B: びじゅつかんの やすみは [비쥬쯔깡 노 야스미와]
かようびです。 [카요-비데스]

미술관의 휴일은 화요일입니다.

びじゅつかん
やすみ:
かようび

함께 놀아요

· 눈치 게임 ·

놀이 방법

1 7명이 한 팀이 되어 한 명씩 월요일부터 일요일까지 손을 들고 말해요.

2 동시에 말하거나 마지막까지 말을 못 한 사람은 탈락해요.

3 팀의 승자를 뽑아요.

4 각 팀의 승자들은 다시 한 번 게임을 하며 최후의 승자를 뽑아요.

5 최후의 승자는 "よくできました (참 잘했어요)" 스티커를 받아요!　스티커 부록 8

1 대화를 듣고 질문에 알맞은 답을 고르세요.

1 도서관은 몇 시까지 하나요?

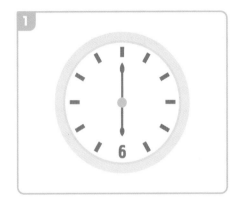

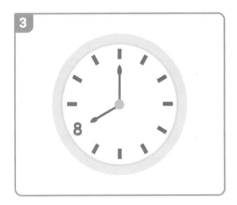

2 도서관의 휴일은 무슨 요일인가요?

1 げつようび　　　2 かようび

3 すいようび　　　4 もくようび

· 마스코트 캐릭터 ·

　일본에는 지역을 대표하는 마스코트 캐릭터가 있어요. 각 지역이 자랑하는 특산물이나 인기 장소, 또는 현의 이름이 연상되도록 만들어졌는데요. 여러 마스코트 중에서도 가장 인기가 많고 한국 사람들에게도 익숙한 캐릭터는 검은색의 귀여운 곰돌이 모습을 하고 있는 'くまもん(구마몬)'이에요. 구마몬은 일본 규슈 지방에 있는 구마모토 현의 마스코트랍니다.

◀ 구마모토현 마스코트 구마몬

　구마몬은 일본의 지역 캐릭터 그랑프리에서 1위를 차지하면서 큰 인기를 끌게 되었어요. 구마모토에 가면 관광지뿐만 아니라 역, 가게, 온천, 호텔 등 여기저기에서 구마몬 굿즈를 접할 수 있고, 구마몬 인형, 가방, 학용품, 과자, 차 등 종류도 매우 다양해요.

▲ 구마몬의 캐릭터 상품

8과

판 다　　카 와 이 ー

ぱんだ、かわいい。

판다 귀여워

 **학습 목표**

- 이형용사를 배워요.
- 동물의 특징을 말해요.

Track 8

どうぶつ
_{도 - 부 쯔}

"비행기" 반주에 맞춰 불러 보세요!

ぱん だ は かわいい らいおんは つよい
판다는 귀여워 사자는 힘이 세

り す は はやい ちいさいね
다람쥐는 빨라 작아요

ぞう は みみが おおきい はなは ながい
코끼리는 귀가 커 코는 길어

きりん は くびと あしがながい
기린은 목이랑 다리가 길어

단어

ぱんだ 판다 | かわいい 귀엽다 | らいおん 사자 | つよい 힘이 세다, 강하다 | りす 다람쥐 | はやい 빠르다
ちいさい 작다 | ぞう 코끼리 | みみ 귀 | ~が ~가 | おおきい 크다 | はな 코 | ながい 길다 | きりん 기린
くび 목 | ~と ~랑, ~와 | あし 다리 | ~も ~도

① 그림에 알맞은 스티커를 붙여보세요.

ぱんだは 　귀여워

らいおんは 　힘이 세

りすは 　작아

ぞうは 　귀

　코　 が 　길어

말해봐요

① 동물원에서 선생님과 친구들이 동물을 보며 이야기하고 있어요.　　　Track 8-2

시우　わあ、ぱんだ おおきい。
　　　　_{와 -}　　_{판 다}　_{오 - 키 -}

우와. 판다 크다.

유이　ぱんだ かわいいね。
　　　　_{판 다}　_{카 와 이 - 네}

판다 귀여워.

소라　あ、りすが いる。
　　　　_아　_{리 스 가} _{이 루}

어, 다람쥐가 있어.

카나　すごく ちいさい。
　　　　_{스 고 꾸} _{치 - 사 이}

굉장히 작다.

단어

わあ 우와(감탄할 때 쓰는 말) | ぱんだ 판다 | おおきい 크다 | かわいい 귀여워 | あ 어 | りす 다람쥐 | が ~이, ~가 |
いる 있어 | すごく 굉장히 | ちいさい 작다

84

소라 わあ、ぞうは はなが ながい。　　우와, 코끼리는 코가 길어.

유이 それに みみも おおきい。　　게다가 귀도 커.

선생님 この どうぶつは なんですか。　　이 동물은 뭐예요?

카나 きりんです。　　기린이에요.
きりんは くびが ながいです。　　기린은 목이 길어요.

선생님 そうですね。　　그렇네요.
それに あしも ながいですね。　　게다가 다리도 기네요.

단어

ぞう 코끼리 | はなこ | ながい 길어 | それに 게다가 | みみ 귀 | ~も ~도 | おおきい 크다 | この 이 | どうぶつ 동물 |
なんですか 뭐예요? | きりん 기린 | くび 목 | ながい 길다 | あし 다리

1 여러 동물에 대해 말해보세요.

예시

A: ^{코 노} ^{도-부쯔와} ^{난 데스까}
この どうぶつは なんですか。

이 동물은 뭐예요?

B: ^{라 이 온 데 스} ^{라 이 온 와 스고꾸 오 - 키 - 데 스}
らいおんです。らいおんは すごく おおきいです。

사자예요. 사자는 굉장히 커요.

^{소 레 니 쯔요이데스}
それに つよいです。

게다가 힘이 세요.

A: ^{소 - 데 스 네}
そうですね。

그렇네요.

| ^{코 노} この 이 | ^{도-부쯔} どうぶつ 동물 | ^{난 데 스 까} なんですか 뭐예요? | ^{라 이 온} らいおん 사자 | ^{스 고 꾸} すごく 굉장히 | ^{오 - 키 -} おおきい 크다 | ^{소 레 니} それに 게다가 |

^{쯔요이} **つよい** 힘이 세다 | ^{소 - 데스네} **そうですね** 그렇네요 | ^{리 스} **りす** 다람쥐 | ^{하 야 이} **はやい** 빠르다 | ^{치 - 사 이} **ちいさい** 작다 | ^{판 다} **ぱんだ** 판다 | ^{카 와 이 -} **かわいい** 귀엽다

86

예시

소라　ぞうは はなが ながいね。
조 - 와 하나가 나가이네

코끼리는 코가 길어.

유이　うん、それに みみも おおきいね。
응 소레니 미미모 오 - 키 - 네

응, 게다가 귀도 커.

소라　そうだね。
소 - 다 네

그러네.

 단어

ぞう 코끼리 ｜ はな 코 ｜ ~が ~가 ｜ ながい 길어 ｜ うん 응 ｜ それに 게다가 ｜ みみ 귀 ｜ ~も ~도 ｜ おおきい 크다
そうだね 그러네 ｜ きりん 기린 ｜ くび 목 ｜ あし 다리 ｜ ながい 길어 ｜ いぬ 강아지 ｜ め 눈

함께 놀아요

• 동물 맞추기 게임 •

놀이 방법

① 두 팀으로 나누고 가위바위보를 해서 이긴 팀에서 한 명이 나와요.

② 뒤집어 둔 카드 중 한 장을 뽑아요. (뽑은 친구만 카드를 볼 수 있어요!)

③ 각 팀에서 예시처럼 질문해요.

④ 카드에 있는 동물이 무슨 동물인지 맞춘 팀에게 1점을 줘요.

⑤ 많이 맞춘 팀이 "よくできました (참 잘했어요)" 스티커를 받아요! ◁ 스티커 부록8

예시 질문 : おおきいですか。큰가요?   대답 : はい。네.
         오 - 키 - 데 스 까   하 이

      질문 : あしが ながいですか。다리가 긴가요?   대답 : いいえ。아니오.
         아 시 가 나 가 이 데 스 까   이 - 에

ぱんだ

동물 카드

 오려서 사용하세요!

판 다
ぱんだ

라 이 온
らいおん

조
ぞう

키 린
きりん

리 스
りす

이 누
いぬ

들어봐요

1 대화를 듣고 알맞은 설명을 보기에서 전부 골라 적으세요.

보기

A ちいさい　　B はやい　　C かわいい　　D つよい

2 대화를 듣고 설명하고 있는 동물을 보기에서 골라 적으세요.

보기

· 마네키네코 ·

일본 가게 계산대 등에 놓여 있는 '**まねきねこ**(마네키네코)'는 보통 한 손을 들고 있는데 오른손을 들면 돈이, 왼손을 들면 손님을 부르는 거라고 해요. 요즘은 욕심 많은 사람들을 위해 두 손을 모두 들고 있는 마네키네코도 등장했다고 해요.

또 색깔에 따라서도 효과가 다른데 흰색 마네키네코는 복을 부르고, 검은 색은 귀신을 쫓고, 붉은 색은 병을 예방하고, 금색은 돈을 부른다고 해요.

◀ 흰색 마네키네코

▲ 여러 가지 색깔의 마네키네코

9과

Track 9

타 베 모 노 와
たべものは
나 니 가 스 키
なにが すき?
음식은 뭘 좋아해?

 **학습 목표**

- ○ 나형용사를 배워요.
- ○ 좋아하는/싫어하는 음식을 말해요.

함께 노래해요

스 키 키 라 이
すき？ きらい？

"rain, rain go away" 반주에 맞춰 불러 보세요!

타 베 모 노 와　나 니 가 스 키
たべものは　なにがすき？
음식은　　　　　　멀　　　　좋아해?

오 까 - 상 노 오 니 기 리　이 찌 방 스 키
おかあさんの お に ぎり いちばんすき
엄마의　　　주먹밥　　　제일　　　좋아

타 베 모 노 와　나 니 가 키 라 이
たべものは　なにがきらい
음식은　　　　　　멀　　　　싫어해?

사 까 나　가　이 찌 방 키 라 이
さかな　が　いちばん きらい
생선이　　　　　제일　　　싫어

단어

타 베 모 노
たべもの 음식 ｜ 나 니 **なに** 무엇 ｜ 스 키 **すき** 좋아 ｜ 오 니 기 리 **おにぎり** 주먹밥 ｜ 이 찌 방 **いちばん** 가장 ｜ 키 라 이 **きらい** 싫어 ｜ 사 까 나 **さかな** 생선

단어를 외워요 _{たんご}

1 그림에 알맞은 일본어 스티커를 붙여보세요.

좋아하다

싫어하다

잘하다

못하다

유명하다

변화하다

① 선생님과 친구들이 이야기하고 있어요.

Track 9-2

카나
타 베 모 노 와　나 니 가　스 키
たべものは　なにが　すき?

음식은 뭘 좋아해?

시우
오 카 ─ 상 노
おかあさんの
오 니 기 리 가　스 키
おにぎりが　すき。

엄마 주먹밥을 좋아해.

시우
나 니 가　키 라 이
なにが　きらい?

뭘 싫어해?

카나
와 따 시 와　큐 ─ 리 가
わたしは　きゅうりが
키 라 이
きらい。

난 오이를 싫어해.

단어 🐱

타 베 모 노　　　　　나 니　　　　스 키 다　　　　　　오 니 기 리　　　　　키 라 이 다　　　　　　큐 ─ 리
たべもの 음식 | なに 무엇 | すきだ 좋아하다 | おにぎり 주먹밥 | きらいだ 싫어하다 | きゅうり 오이

카나 <ruby>ほっかいどう<rt>홋 까이도-</rt></ruby><ruby>は<rt>와</rt></ruby> <ruby>なに<rt>나니</rt></ruby><ruby>が<rt>가</rt></ruby>
<ruby>ゆうめいですか<rt>유-메-데스까</rt></ruby>?

홋카이도는 무엇이 유명한가요?

선생님 <ruby>ほっかいどう<rt>홋 까이도-</rt></ruby><ruby>は<rt>와</rt></ruby> <ruby>かに<rt>카니</rt></ruby><ruby>が<rt>가</rt></ruby>
<ruby>ゆうめいです<rt>유-메-데스</rt></ruby>。

홋카이도는 게가 유명해요.

소라 <ruby>ゆい<rt>유이</rt></ruby><ruby>は<rt>와</rt></ruby> <ruby>なに<rt>나니</rt></ruby><ruby>が<rt>가</rt></ruby> <ruby>じょうず<rt>죠-즈</rt></ruby>?

유이는 뭘 잘해?

유이 <ruby>わたし<rt>와따시</rt></ruby><ruby>は<rt>와</rt></ruby> <ruby>うた<rt>우따</rt></ruby><ruby>が<rt>가</rt></ruby>
<ruby>じょうず<rt>죠-즈</rt></ruby>。

나는 노래를 잘해.

 단어

<ruby>ほっかいどう<rt>홋 까이도-</rt></ruby> 홋카이도 | <ruby>ゆうめいだ<rt>유-메-다</rt></ruby> 유명하다 | <ruby>かに<rt>카니</rt></ruby> 게 | <ruby>じょうずだ<rt>죠-즈다</rt></ruby> 잘하다 | <ruby>うた<rt>우따</rt></ruby> 노래

스티커 부록 145쪽

1 좋아하는 재료 스티커를 붙여서 나만의 도시락을 만들어 보세요.

| 예시 | 와 따시 와　타 마 고　　큐 - 리　　노 리 가　스 키
わたしは たまご、きゅうり、のりが すき。
나는 계란, 오이, 김이 좋아. |

단어

타 마 고
たまご 달걀 | 큐 - 리
きゅうり 오이 | 노 리
のり 김 | 니 꾸
にく 고기 | 사 카 나
さかな 생선 | 토 마 토
とまと 토마토 | 베 - 콘
べーこん 베이컨

브 록 꼬 리 -
ぶろっこりー 브로콜리

96

② 친구와 A와 B를 각각 맡아 서로의 시트를 가리고 질문하여 빈칸을 채워보세요.

A	B
토 - 쿄 - 와 도꼬가 유 - 메 - **とうきょうは どこが ゆうめい?** 코 따에 **こたえ :** _____	 아 사 쿠 사 **あさくさ** 아사쿠사
 쫑 노 **ちょんの** 종로	소 우 루 와 도 꼬 가 유 - 메 - **そうるは どこが ゆうめい?** 코 따에 **こたえ :** _____
오 - 사 카 와 나 니 가 유 - 메 - **おおさかは なにが ゆうめい?** 코 따에 **こたえ :** _____	 오 꼬 노 미 야 끼 **おこのみやき** 오코노미야키
 미 깡 **みかん** 귤	체 쥬 도 와 나 니 가 유 - 메 - **ちぇじゅどは なにが ゆうめい?** 코 따에 **こたえ :** _____

예시

토 - 쿄 - 와 도 꼬 가 유 - 메 -
A : <u>**とうきょうは どこが ゆうめい?**</u>　도쿄는 어디가 유명해?

아 사 쿠 사 가 유 - 메 -
B : <u>**あさくさ**</u> **が ゆうめい。**　아사쿠사가 유명해.

단어

토 - 쿄 -　코 따에　아 사 쿠 사　쫑 노　소 우 루　오 - 사 카
とうきょう 도쿄 ｜ **こたえ** 대답 ｜ **あさくさ** 아사쿠사 ｜ **ちょんの** 종로 ｜ **そうる** 서울 ｜ **おおさか** 오사카
오 꼬 노 미 야 끼　미 깡　체 쥬 도　유 - 메 - 다
おこのみやき 오코노미야키 ｜ **みかん** 귤 ｜ **ちぇじゅど** 제주도 ｜ **ゆうめいだ** 유명하다

스무고개 게임

놀이 방법

① 보기에 있는 음식 중 가장 싫어하는 음식을 하나 정해요.

② 친구에게 보이지 않게 적어요.

③ 친구가 적은 음식을 알아맞힐 때까지 반복해서 질문해요.

④ 질문을 적게 하고 정답을 맞춘 사람이 "よくできました (참 잘했어요)"
스티커를 받아요! ◀ 스티커 부록 8

예시
A: 니꾸 키 라 이
にく きらい? 고기 싫어해?　　　B: 우 - 응
ううん。 아니.

A: 나 스 키 라 이
なす きらい? 가지 싫어해?　　　B: 웅 키 라 이
うん、きらい。 응, 싫어해.

보기

사 까 나	큐 - 리	니 꾸	타 마 고
さかな	**きゅうり**	**にく**	**たまご**

나 스	노 리	닌 징
なす	**のり**	**にんじん**

단어

사 까 나 **さかな** 생선 │ 큐 - 리 **きゅうり** 오이 │ 니 꾸 **にく** 고기 │ 타 마 고 **たまご** 달걀 │ 나 스 **なす** 가지 │ 노 리 **のり** 김 │ 닌 징 **にんじん** 당근 │ 키 라 이 다 **きらいだ** 싫어 하다

98

Track 9-3

🐾 대화를 듣고 질문에 알맞은 답을 고르세요.

1️⃣ 카나는 무엇을 좋아합니까?

❶ にく

❷ さかな

❸ たまご

❹ おにぎり

2️⃣ 도쿄의 어디가 가장 번화합니까?

❶ あさくさ

❷ しぶや

❸ しんじゅく

❹ おだいば

일본이 궁금해요

· 하나비 ·

일본에서는 여름이 되면 전국 각지에서 다양한 규모의 '**はなびたいかい**^{하 나 비 타 이 카 이}(불꽃축제)'가 열려요. 그중에서도 가장 유명한 곳은 도쿄 아사쿠사의 밤하늘을 장식하는 스미다가와 불꽃축제예요. 약 400년의 역사가 있는 스미다가와 불꽃축제는 매년 7월 마지막 주 토요일에 개최되는데, 약 2만 발 이상의 불꽃을 쏘아 올려요.

불꽃축제를 보러 갈 때 여자들은 '**ゆかた**(유카타)', 남자들은 '**じんべい**(진베)'라는 여름 전통 의상을 입어요. 불꽃축제가 열리는 장소에는 한국의 포장마차와 비슷한 '**やたい**(야타이)'도 늘어서기 때문에, 다양한 일본 요리와 문화를 경험할 수 있는 좋은 기회예요.

① 스미다가와 불꽃축제

② ゆかた・じんべい - 유카타・진베

③ やたい - 포장마차

Track 10

돗 찌 가 오 모 시 로 이
どっちが おもしろい?
어느 족이 재미있어?

학습 목표 📖   🔍 비교 표현을 배워요.

どっち?
_{돗 찌}

"나비야" 반주에 맞춰 불러 보세요!

いぬと ねこと どっ ちがす き?
이누 또　네꼬 또　돗 　찌가스　키

강아지랑　고양이랑　어느 쪽이　좋아?

わたしは ねこより いぬがすきだよ
와 따 시 와　네꼬요리　이누가스키다요

나는　고양이보다　강아지가　좋아

にほんごと えいごと どっ ちが おもしろい?
니 롱 고 또　에-고 또　돗 　찌가 오모시로이

일본어랑　영어랑　어느 쪽이　재미있어?

どっ ちも すごく おもしろい よ
돗 　찌모 스고꾸　오모시로이　요

둘다　굉장히　재미있어

🐱 단어

いぬ 강아지 | ~と ~랑 | ねこ 고양이 | どっちが 어느 쪽이 | すき 좋아해 | ~より ~보다 | にほんご 일본어 |
이누　　　또　　　　네꼬　　　돗 찌가　　　　스키　　　요리　　　니 롱 고
えいご 영어 | おもしろい 재미있다 | どっちも 둘다 | すごく 굉장히
에-고　　　　오모시로이　　　　돗 찌모　　　스고꾸

단어를 외워요 <small>たんご</small>

스티커 부록 14ㄱ쪽

1 그림에 알맞은 일본어 스티커를 붙여보세요.

いぬ [랑] ねこ [랑] [어느 쪽이] すき?

[둘다] すき。

えいご [보다] にほんご [가] [재미있어] 。

1 선생님과 친구들이 이야기하고 있어요.

카나　いぬと ねこと　　　　　　강아지랑 고양이랑
　　　 どっちが かわいい?　　　　어느 쪽이 귀여워?

시우　いぬが かわいい。かなは?　강아지가 귀여워. 카나는?

카나　わたしは ねこが かわいい。　나는 고양이가 귀여워

단어

いぬ 강아지 │ ~と ~랑 │ ねこ 고양이 │ どっちが 어느 쪽이 │ かわいい 귀엽다

선생님 <ruby>み<rt>미</rt>な<rt>나</rt>さん<rt>상</rt></ruby>、<ruby>に<rt>니</rt>ほん<rt>롱</rt>ご<rt>고</rt>は<rt>와</rt></ruby>
<ruby>お<rt>오</rt>も<rt>모</rt>し<rt>시</rt>ろ<rt>로</rt>い<rt>이</rt>で<rt>데</rt>す<rt>스</rt>か<rt>까</rt></ruby>。

여러분, 일본어는
재미있어요?

카나 <ruby>は<rt>하</rt>い<rt>이</rt></ruby>、<ruby>す<rt>스</rt>ご<rt>고</rt>く<rt>꾸</rt></ruby> <ruby>お<rt>오</rt>も<rt>모</rt>し<rt>시</rt>ろ<rt>로</rt>い<rt>이</rt>で<rt>데</rt>す<rt>스</rt></ruby>。

네 굉장히 재미있어요.

선생님 <ruby>じゃ<rt>쟈-</rt></ruby>、<ruby>に<rt>니</rt>ほん<rt>롱</rt>ご<rt>고</rt>と<rt>또</rt></ruby> <ruby>え<rt>에</rt>い<rt>-</rt>ご<rt>고</rt>と<rt>또</rt></ruby>
<ruby>どっ<rt>돗</rt>ち<rt>피</rt>が<rt>가</rt></ruby> <ruby>お<rt>오</rt>も<rt>모</rt>し<rt>시</rt>ろ<rt>로</rt>い<rt>이</rt>で<rt>데</rt>す<rt>스</rt>か<rt>까</rt></ruby>。

그럼, 일본어랑 영어랑
어느 쪽이 재미있나요?

카나 <ruby>え<rt>에</rt>い<rt>-</rt>ご<rt>고</rt>よ<rt>요</rt>り<rt>리</rt></ruby> <ruby>に<rt>니</rt>ほん<rt>롱</rt>ご<rt>고</rt>が<rt>가</rt></ruby>
<ruby>お<rt>오</rt>も<rt>모</rt>し<rt>시</rt>ろ<rt>로</rt>い<rt>이</rt>で<rt>데</rt>す<rt>스</rt></ruby>。

영어보디 일본어가
재미있어요.

시우 <ruby>ぼ<rt>보</rt>く<rt>꾸</rt>は<rt>와</rt></ruby> <ruby>どっ<rt>돗</rt>ち<rt>피</rt>も<rt>모</rt></ruby> <ruby>お<rt>오</rt>も<rt>모</rt>し<rt>시</rt>ろ<rt>로</rt>い<rt>이</rt>で<rt>데</rt>す<rt>스</rt></ruby>。

저는 둘 다 재미있어요.

단어

<ruby>みなさん<rt>미나상</rt></ruby> 여러분 | <ruby>にほんご<rt>니롱고</rt></ruby> 일본어 | <ruby>おもしろい<rt>오모시로이</rt></ruby> 재밌다 | <ruby>すごく<rt>스고꾸</rt></ruby> 굉장히 | <ruby>どっちが<rt>돗피가</rt></ruby> 어느 쪽이 | <ruby>えいご<rt>에-고</rt></ruby> 영어 |
<ruby>~より<rt>요리</rt></ruby> ~보다 | <ruby>どっちも<rt>돗피모</rt></ruby> 둘 다

1 친구가 좋아하는 것을 물어보고 체크해 보세요. (✔)

♪ 짝꿍이 좋아하는 것을 알아보아요! ♪

	( )		( )
	( )		( )
日本語	( )	English	( )
	( )		( )

예시

A : いぬと ねこと どっちが かわいい?
　　(이누또 네꼬또 돗찌가 카와이-)
강아지랑 고양이랑 어느 쪽이 귀여워?

B : いぬより ねこが かわいい。
　　(이누요리 네꼬가 카와이-)
강아지보다 고양이가 귀여워.

단어

いぬ 강아지	ねこ 고양이	どっちが 어느 쪽이	かわいい 귀엽다	やきゅう 야구	さっかー 축구	にほんご 일본어
(이누)	(네꼬)	(돗찌가)	(카와이-)	(야큐-)	(삭까-)	(니홍고)

えいご 영어	おもしろい 재미있다	うた 노래	だんす 춤	じょうずだ 잘하다	すきだ 좋아하다
(에-고)	(오모시로이)	(우따)	(단스)	(죠-즈다)	(스키다)

2 학교 행사에서 참가하고 싶은 종목을 정해보세요.

예시

선생님 : <ruby>ゆい<rt></rt></ruby>さんは やきゅうと さっかーと どっちが いいですか。
유이는 야구랑 축구랑 어느 쪽이 좋아요?

유이 : やきゅうより さっかーが いいです。
야구보다 축구가 좋아요.

선생님 : じゃ、さっかーは ゆいさんに おねがいします。
그럼, 축구는 유이에게 부탁할게요.

やきゅう 야구 │ さっかー 축구 │ だんす 춤 │ うた 노래 │ えいごのすぴーち 영어 스피치
にほんごのすぴーち 일본어 스피치 │ くいず 퀴즈 │ げーむ 게임 │ いい 좋다 │ ~に ~에게 │ おねがいします 부탁합니다

함께 놀아요

비교하기 게임

놀이 방법

① 카드를 오려서 뒤집어 두어요.

② 친구와 가위바위보를 해서 이긴 사람이 먼저 카드를 뒤집어요.

③ 카드에 적힌 단어를 보고 생각나는 예시를 참고하여 10초 이내에 질문해요.
   (단어를 모르는 경우는 한국어 단어를 사용해서 물어봐도 돼요!)

④ 10초 이내로 질문 또는 대답을 못하면 상대방에게 카드를 줘요.

⑤ 순서대로 질문하고 대답한 후 카드가 많은 사람이 "よくできました (참 잘했어요)"
   스티커를 받아요! ◀스티커 부록 8

예시 <ruby>どうぶつ<rt>도 - 부쯔</rt></ruby> 카드를 뽑았으면

질문: <ruby>ぱんだ<rt>판 다</rt></ruby>と <ruby>きりん<rt>키 린</rt></ruby>と <ruby>どっちが<rt>또 돗 찌가</rt></ruby> <ruby>かわいい?<rt>카 와 이 -</rt></ruby>

✄—— 오려서 사용하세요!

たべもの	すぽーつ	どうぶつ
おかし	まんが	げーむ

 단어

<ruby>たべもの<rt>타베모노</rt></ruby> 음식 | <ruby>すぽーつ<rt>스포-프</rt></ruby> 스포츠 | <ruby>どうぶつ<rt>도 - 부쯔</rt></ruby> 동물 | <ruby>おかし<rt>오까시</rt></ruby> 과자 | <ruby>まんが<rt>망 가</rt></ruby> 만화 | <ruby>げーむ<rt>게 - 무</rt></ruby> 게임 | <ruby>おいしい<rt>오 이시 -</rt></ruby> 맛있다 |
<ruby>あまい<rt>아 마이</rt></ruby> 달다 | <ruby>からい<rt>카 라이</rt></ruby> 맵다

Track **10-3**

1 대화를 듣고 둘 중 알맞은 대답 쪽에 동그라미 하세요.

1

( )   ( )

2

( )   ( )

2 대화를 듣고 빈 칸에 들어갈 말을 보기에서 골라 적으세요.

보기

   A より   **B** どっちが   **C** どっちも

① やきゅうと　さっかーと ＿＿＿＿＿＿ おもしろい?

② いぬ ＿＿＿＿＿＿ ぱんだが　かわいいです。

③ わたしは ＿＿＿＿＿＿ すきです。

· 일본의 도시락 ·

학생들이 가장 좋아하는 시간이 바로 점심시간인데요. 일본 학교도 우리나라처럼 급식을 먹거나 도시락을 싸가는데 초등학교에서는 급식이 일반적이고 유치원과 중학교, 고등학교는 도시락을 싸가는 학교가 많아요.

'きゃらべん(캬라벤)'이라고 하는 캐릭터 도시락은 주로 유치원생들이 가지고 다니는 도시락으로 아이들이 좋아하는 애니메이션 캐릭터 등의 얼굴을 다양한 재료를 활용해 만든 것을 말해요.

어린아이들은 가리는 음식도 많고, 차분하게 앉아서 먹지 못하는 경우가 많아, 아이들이 도시락을 남기지 않도록 하기 위해 우선은 모양으로 식욕을 돋게 하자고 엄마들이 여러 가지 아이디어를 짜서 만든 것이죠. 눈과 머리카락은 김을 이용하고, 입과 볼은 당근을 둥글게 잘라 장식하는 등 먹기 아까울 정도로 예쁘답니다.

▲ きゃらべん - 캬라벤

10:00

Track 11

코 - 시 쯔 니 나 니 가
きょうしつに なにが
아 리 마 스 까
ありますか。
교실에 무엇이 있어요?

 학습 목표

🔍 [~이(가) 있다/ 없다] 표현을 배워요.

함께 노래해요

<ruby>あ<rt>아</rt></ruby><ruby>り<rt>리</rt></ruby><ruby>ま<rt>마</rt></ruby><ruby>す<rt>스</rt></ruby>・<ruby>い<rt>이</rt></ruby><ruby>ま<rt>마</rt></ruby><ruby>す<rt>스</rt></ruby>

あります・います

"사랑의 인사" 반주에 맞춰 불러 보세요!

きょうしつになにがありますか つくえといすがあります

교실에 무엇이 있습니까? 책상과 의자가 있습니다

きょうしつにだれがいますか ともだちがいます

교실에 누가 있습니까? 친구가 있습니다

おうちになーにが あるの? にほんごのほんが あるよ

집에 무엇이 있어? 일본어 책이 있어

おうちにだーれが いる の? ねこ ちゃん が いる よ

집에 누가 있어? 고양이가 있어

단어

きょうしつ 교실 | **なにが** 무엇이 | **ありますか** 있습니까?(사물, 식물) | **つくえ** 책상 | **いす** 의자 |

あります 있습니다(사물, 식물) | **だれが** 누가 | **いますか** 있습니까?(사물, 동물) | **ともだち** 친구 |

います 있습니다(사물, 동물) | **おうち** 집 | **あるの** 있어?(사물, 식물) | **にほんごのほん** 일본어 책 |

あるよ 있어(사물, 식물) | **いるの** 있어?(사물, 동물) | **ねこ** 고양이 | **あるよ** 있어(사물, 동물)

단어를 외워요 たんご

스티커 부록 147쪽

1 그림에 알맞은 일본어 스티커를 붙여보세요.

토 ― 케 가
とけいが 있습니다

토 ― 케 가
とけいが 없습니다

히 또 가
ひとが 있습니다

히 또 가
ひとが 없습니다

말해봐요

1 친구들이 이야기하고 있어요.

선생님 <ruby>きょうしつ<rt>쿄-시쯔</rt></ruby>に <ruby>なに<rt>나니</rt></ruby>が <ruby>あります<rt>아리마스</rt></ruby>か。　　교실에 무엇이 있습니까?

카나 <ruby>つくえ<rt>츠꾸에</rt></ruby>が <ruby>あります<rt>아리마스</rt></ruby>。　　책상이 있습니다.

선생님 <ruby>だれ<rt>다레</rt></ruby>が <ruby>います<rt>이마스</rt></ruby>か。　　누가 있습니까?

카나 <ruby>せんせい<rt>센세-</rt></ruby>と <ruby>がくせい<rt>각세-</rt></ruby>が <ruby>います<rt>이마스</rt></ruby>。　　학생이 있습니다.

단어

きょうしつ 교실 | ありますか 있습니까?(사물, 식물) | つくえ 책상 | あります 있습니다(사물, 식물) | だれ 누구 |
いますか 있습니까?(사람, 동물) | せんせい 선생님 | ~と ~과 | がくせい 학생 | います 있습니다(사람, 동물)

엄마	<ruby>が<rt>각</rt></ruby><ruby>っこう<rt>꼬-</rt></ruby>に <ruby>ねこ<rt>네꼬</rt></ruby> <ruby>いる<rt>이루</rt></ruby>?	학교에 고양이 있어?
시우	<ruby>うう<rt>우-</rt></ruby><ruby>ん<rt>웅</rt></ruby>、 <ruby>いない<rt>이나이</rt></ruby>。	아니, 없어.
엄마	<ruby>うさぎ<rt>우사기</rt></ruby><ruby>は<rt>와</rt></ruby> <ruby>いる<rt>이루</rt></ruby>?	토끼는 있어?
시우	<ruby>うん<rt>웅</rt></ruby>、 <ruby>うさぎ<rt>우사기</rt></ruby><ruby>は<rt>와</rt></ruby> <ruby>いる<rt>이루</rt></ruby>。	응, 토끼는 있어.

 단어

<ruby>がっこう<rt>각꼬-</rt></ruby> 학교 | <ruby>ねこ<rt>네꼬</rt></ruby> 고양이 | <ruby>いる<rt>이루</rt></ruby>? 있어?(사람, 동물) | <ruby>いない<rt>이나이</rt></ruby> 없어(사람, 동물) | <ruby>うさぎ<rt>우사기</rt></ruby> 토끼 | <ruby>いる<rt>이루</rt></ruby> 있어(사람, 동물)

연습해요

1 교실 공간에 물건을 채워 그리고 친구와 함께 말해보세요.

방법

1 1과에서 10과까지 배운 단어 중 5개를 골라서 교실 안에 그림을 그려봐요.

2 자유롭게 그린 후 친구와 서로 이야기해요.

예시
코 ― 시 쯔 니　쯔 꾸 에 가　아 리 마 스
きょうしつに つくえが あります。　　교실에 책상이 있습니다.

코 ― 시 쯔 니　네 꼬 가　이 마 스
きょうしつに ねこが います。　　교실에 고양이가 있습니다.

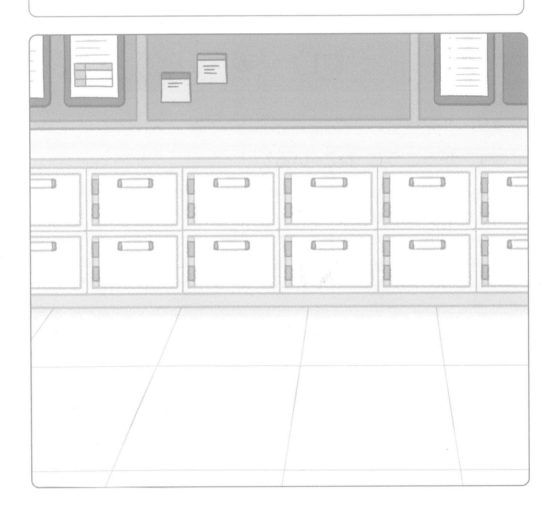

그림을 보고 예시와 같이 친구와 대화하고 O, X에 표시해 보세요.

A: ^{케-따이가 아리마스까}
けーたいが ありますか。
핸드폰이 있습니까?

B: ^{하이 아리마스}
はい、あります。
네, 있습니다.

◎ X

B: ^{이-에 아리마 셍}
いいえ、ありません。
아니요, 없습니다.

O ⊗

A: ^{오또-또가 이마스까}
おとうとが いますか。
남동생 있습니까?

B: ^{하이 이마스}
はい、います。
네, 있습니다.

◎ X

B: ^{이-에 이마 셍}
いいえ、いません。
아니요, 없습니다.

O ⊗

단어

^홍 **ほん** 책 | ^{카사} **かさ** 우산 | ^{엠 피쯔} **えんぴつ** 연필 | ^{네꼬} **ねこ** 고양이 | ^{이누} **いぬ** 강아지 | ^{이모-또} **いもうと** 여동생 | ^{오또-또} **おとうと** 남동생 |
^{케-따이} **けーたい** 핸드폰 | ^{야꾸소꾸} **やくそく** 약속 | ^{쥬꾸노 슈꾸다이} **じゅくの しゅくだい** 학원 숙제

함께 놀아요

틀린 그림 찾기 게임

놀이 방법

① 짝꿍과 함께 틀린 그림을 4군데 찾아요.

② 다 찾은 팀은 손을 들고 발표해요.

③ 틀린 부분이 있으면 다음 팀에게 기회가 주어져요.
  ▸ 사물/ 동물의 명칭과 ある/ いる를 잘 구별하여 말해보세요.

④ 먼저 틀린 부분을 다 말한 팀은 "よくできました (참 잘했어요)"
  스티커를 받아요! ◂ 스티커 부록 8

예시

니 방 니와 이 누 가 이루
にばんには いぬが いる。　　　　2번에는 강아지가 있다.

이 치 방 니와 이 누 가 이 나 이
いちばんには いぬが いない。　　1번에는 강아지가 없다.

 단어

츠꾸에 책상 ｜ 이스 의자 ｜ 파소콘 컴퓨터 ｜ 토게- 시계 ｜ 엠 피쯔 연필 ｜ 카사 우산 ｜ 이누 강아지
つくえ 책상 ｜ いす 의자 ｜ ぱそこん 컴퓨터 ｜ とけい 시계 ｜ えんぴつ 연필 ｜ かさ 우산 ｜ いぬ 강아지

118

다음을 듣고 질문에 알맞은 답을 고르세요.

1 오늘은 무슨 요일입니까?

2 친구와 몇 시에 약속이 있습니까?

3 오늘 수업이 있습니까?

❶ はい、あります。　　❷ いいえ、ありません。

11과 │ きょうしつに なにが ありますか？ 교실에 무엇이 있습니까?　119

· 시치고산 ·

'しちごさん(시치고산)'이란 3세, 5세, 7세가 되는 아이들의 성장을 축하하기 위한 일본의 전통적인 기념행사예요. 아이들은 11월 15일에 전통의상을 입고, 가족들과 함께 신사에 가서 참배를 하고, 기념사진을 찍어요. 11월 15일에 하는 것이 일반적이지만, 가족들의 상황에 맞춰 시기를 조절하는 경우도 많답니다.

일반적으로 명절이나 이벤트가 있는 날에는 특별한 음식을 먹는 경우가 많지만, 시치고산에 먹는 음식이 정해져 있지는 않아요. 건강에 좋고 좋은 의미가 담긴 음식을 먹는데, 경사스러운 날에 먹는 팥밥이나, 장수를 의미하는 'ちとせあめ(치토세아메)'를 먹는 사람이 많아요.

◀ 신사에 걸어두는 시치고산 기념 **えま**
에 마

▲ 시치고산을 맞이한 가족

▲ **ちとせあめ** – 치토세아메
치 토 세 아 메

120

정답 + 듣기 스크립트

정답

 **1과 こんにちは。** **19쪽**

1. ① ② ありがとう。
   ② ① また、あした。
   ③ ① だいじょうぶ？

 **2과 なまえは？** **29쪽**

1. A：**D** おなまえは なんですか。
   B：**B** わたしは しん みんあです。わたしは **A** かんこくじんです。
   　　どうぞ **C** よろしく。

2. ゆみ •ㅡㅡㅡㅡㅡ• 일본
   はる •ㅡㅡㅡㅡㅡ• 한국

3과 この ひとは だれ？ **39쪽**

1. ③

2. ② おねえさん

4과 これ、なあに？ **49쪽**

1
- ① A 연필
- ② C 필통
- ③ B 책

2

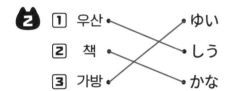

- ① 우산 — かな
- ② 책 — ゆい
- ③ 가방 — しう

5과 でんわばんごう おしえて！ **59쪽**

1
- ① ③ 81
- ② ① 111369

6과 いま なんじ？ **69쪽**

1
- ① B 7시
- ② C 3시 반
- ③ A 12시

2

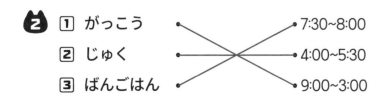

- ① がっこう — 9:00~3:00
- ② じゅく — 4:00~5:30
- ③ ばんごはん — 7:30~8:00

정답

7과 きょうは なんようび？ 79쪽

①
- ① ③ 8시
- ② ② かようび

8과 ぱんだ、かわいい。 89쪽

①
- ① B はやい, D つよい
- ② A ちいさい, C かわいい

②
- ① B 판다
- ② C 기린
- ③ A 코끼리

9과 たべものは なにが すき？ 99쪽

①
- ① ① にく
- ② ② しぶや

10과 どっちが おもしろい？ 109쪽

1
① 강아지(　　) 고양이(○)
② 야구(　　) 축구(○)

2
① やきゅうと さっかーと **B** どっちが おもしろい？
② いぬ **A** より ぱんだが かわいいです。
③ わたしは **C** どっちも すきです。

11과 きょうしつに なにが ありますか。 119쪽

1
① ③ 토요일
② ② 1시
③ ② いいえ、ありません。

듣기 스크립트

1과 こんにちは。

1 다음을 듣고 알맞은 인사 표현을 고르세요.

1 ありがとう。(고마워.)

2 また、あした。(내일 또 만나.)

3 だいじょうぶ？ (괜찮아?)

2과 なまえは？

1 대화를 듣고 빈칸에 들어갈 말을 보기에서 골라 적으세요.

A: おなまえは なんですか。(이름이 뭐예요?)

B: わたしは しんみんあです。(저는 신민아예요.)
わたしは かんこくじんです。どうぞ よろしく。(저는 한국인이에요. 잘 부탁해요.)

2 대화를 듣고 알맞은 답을 선으로 연결하세요.

A: ゆみさんは かんこくじんですか。(유미 씨는 한국인이에요?)

B: はい、わたしは かんこくじんです。(네, 저는 한국인이에요.)

A: はるさんは ちゅうごくじんですか。(하루 씨는 중국인이에요?)

B: いいえ、にほんじんです。(아니요, 일본인이에요.)

3과 この ひとは だれ？

1 대화를 듣고 설명하고 있는 사람을 고르세요.

A: この ひとは だれ？ (이 사람은 누구야?)
B: わたしの おかあさん。 (우리 엄마.)

2 다음을 듣고 등장하지 <u>않는</u> 사람을 고르세요.

わたしの かぞくは おとうさんと おにいさんと いもうとと わたしです。
(저의 가족은 아빠와 오빠와 여동생과 저입니다.)

4과 これ、なあに？

1 대화를 듣고 설명하고 있는 물건을 보기에서 골라 적으세요.

① **A:** これ なあに？ (이거 뭐야?)
B: それは えんぴつだよ。 (그건 연필이야.)

② **A:** あれ なあに？ (저거 뭐야?)
B: あれは えぺんけーすだよ。 (저건 필통이야.)

③ **A:** それは なんですか。 (그거 뭐야?)
B: これは ほんです。 (이건 책이야.)

2 대화를 듣고 알맞은 답을 선으로 연결하세요.

① **A:** この かさ だれの？ (이 우산 누구 거야?)
B: しうさんのだよ。 (시우 거야.)

2 **A:** この ほんは だれのですか。 (이 책은 누구 거예요?)

   B: かなさんのです。 (카나 거예요.)

3 **A:** この かばん ゆいさんの？ (이 가방 유이 거야?)

   B: うん、ゆいさんの。 (응, 유이 거야.)

5과 でんわばんごう おしえて！

① 다음을 듣고 빈칸에 들어갈 숫자를 고르세요.

1 にほんの くにばんごうは はちじゅういちです。

(일본의 국가 번호는 81입니다.)

2 Wi-Fiの ばんごうは いちいちいちさんろくきゅうです。

(와이파이 번호는 111369입니다.)

6과 いま なんじ？

① 대화를 듣고 지금 몇 시인지 보기에서 골라 적으세요.

1 **A:** いま、なんじですか。 (지금 몇 시예요?)

   B: 7じです。 (7시예요.)

2 **A:** いま、なんじですか。 (지금 몇 시예요?)

   B: 3じ はんです。 (3시 반이에요.)

3 **A:** いま、なんじですか。 (지금 몇 시예요?)

   B: 12じです。 (12시예요.)

2 대화를 듣고 알맞은 답을 선으로 연결하세요.

① **A:** がっこうは なんじからですか。(학교는 몇 시부터예요?)

B: 9じからです。(9시부터예요.)

A: なんじまでですか。(몇 시까지예요?)

B: 3じまでです。(3시까지예요.)

② **A:** じゅくは なんじから？(학원은 몇 시부터야?)

B: 4じから。(4시부터야.)

A: なんじまで？(몇 시까지야?)

B: 5じ はんまで。(5시 반까지야.)

③ **A:** ばんごはんは なんじから なんじまでですか。

(저녁은 몇 시부터 몇 시까지예요?)

B: 7じ はんから 8じまでです。(7시 반부터 8시까지예요.)

7과 きょうは なんようび？

1 대화를 듣고 질문에 알맞은 답을 고르세요.

A: としょかんは なんじから なんじまで？(도서관은 몇 시부터 몇 시까지야?)

B: 9じから 8じまで。(9시부터 8시까지야.)

A: やすみは なんようび？(휴일은 무슨 요일이야?)

B: としょかんは かようび やすみ。(도서관은 화요일이 휴일이야.)

듣기 스크립트

8과 ぱんだ、かわいい。

1. 다음을 듣고 알맞은 설명을 보기에서 전부 골라 적으세요.

① **A:** らいおんは はやいです。(사자는 빨라요.)
B: それに つよいです。(게다가 힘이 세요.)

② **A:** りすは ちいさいです。(다람쥐는 작아요.)
B: それに かわいいです。(게다가 귀여워요.)

2. 대화를 듣고 설명하고 있는 동물을 보기에서 골라 적으세요.

① **A:** わあ、おおきい。(우와, 크다.)
B: でも、かわいいね。(근데 귀여워.)

② **A:** あしが ながいですね。(다리가 기네요.)
B: そうですね。それに くびも ながいですね。(그렇네요. 게다가 목도 기네요.)

③ **A:** わあ、はなが ながいですね。(와, 코가 기네요.)
B: でも、めは ちいさいですよ。(근데 눈은 작네요.)

9과 たべものは なにが すき？

1 대화를 듣고 질문에 알맞은 답을 고르세요.

1 **A:** たべものは なにが すき？ (음식은 뭘 좋아해?)

B: わたしは にくが すき。 (난 고기를 좋아해.)

2 **A:** かなさん、にほんは どこが にぎやか？ (카나야, 일본은 어디가 번화해?)

B: とうきょうが にぎやか。 (도쿄가 번화해.)

A: とうきょうの どこが いちばん にぎやか？ (도쿄 어디가 가장 번화해?)

B: しぶやが いちばん にぎやか。 (시부야가 가장 번화해.)

10과 どっちが おもしろい？

1 대화를 듣고 둘 중 알맞은 대답 쪽에 동그라미 하세요.

1 **A:** いぬと ねこと どっちが かわいい？ (강아지랑 고양이랑 어느 쪽이 귀여워?)

B: ねこが かわいい。 (고양이가 귀여워.)

2 **A:** やきゅうと さっかーと どっちが すき？ (야구랑 축구랑 어느 쪽이 좋아?)

B: やきゅうより さっかーが すき。 (야구보다 축구가 좋아.)

2 대화를 듣고 빈 칸에 들어갈 말을 보기에서 골라 적으세요.

1 やきゅうと さっかーと どっちが おもしろい？
(야구랑 축구랑 어느 쪽이 재밌어?)

2 いぬより ぱんだが かわいいです。 (강아지보다 판다가 귀여워요.)

3 わたしは どっちも すきです。 (저는 둘 다 좋아합니다.)

듣기 스크립트

11과 きょうしつに なにが ありますか。

1 다음을 듣고 질문에 알맞은 답을 고르세요.

きょうは どようびです。(오늘은 토요일입니다.)

がっこうの じゅぎょうは ありません。(학교 수업은 없습니다.)

でも しゅくだいが あります。(하지만 숙제가 있습니다.)

いちじには ともだちと やくそくが あります。(1시에는 친구와 약속이 있습니다.)

1과

13쪽

こんにちは

こんばんは

ごめんね

ありがとう

おはよう

また、あした

2과

23쪽

おなまえ

わたし

なんですか

です

どうぞよろしく

3과

33쪽

おじいさん	おとうさん	おにいさん
おとうと	おばあさん	おかあさん
おねえさん	いもうと	わたし

4과

43쪽

これ	それ	あれ
だれの	かさ	わたしの

48쪽

5과

53쪽

にじゅうさん	さんじゅうろく
じゅうし・じゅうよん	きゅうじゅういち
ろくじゅうしち・ ろくじゅうなな	ごじゅうに
よんじゅういち	ななじゅうきゅう
はちじゅうよん	

6과

63쪽

さんじ	なんじ	じゅうにじ
よじ	しちじ	

7과

73쪽

かようび　　　どようび　　　きんようび

げつようび　　すいようび　　にちようび

もくようび

8과

83쪽

はな　　　ちいさい　　　おおきい

かわいい　　つよい　　　ながい

9과

93쪽

じょうずだ　　　すきだ　　　きらいだ

ゆうめいだ　　　にぎやかだ　　　へただ

96쪽

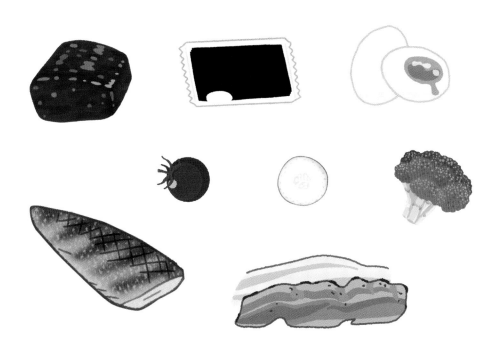

10과

103쪽

と

と

が

より

どっちが

どっちも

おもしろい

11과

113쪽

います

あります

いません

ありません

자유롭게 붙여보세요!

よくできました！

| 일본어뱅크 |

쉽게 따라하고 쉽게 배우는 **STEP 1**

좋아요 주니어 일본어

· 히라가나 쓰기노트 ·

 동양북스

쉽게 따라하고 쉽게 배우는   **STEP 1**

좋아요
주니어
일본어

·히라가나 쓰기노트·

📖 동양북스

히라가나

히라가나는 모음 [ㅏ, ㅣ, ㅜ, ㅔ, ㅗ]에 다양한 자음을 넣어서 만드는 글자와 [야, 유, 요, 와, 응]이 더해져 총 46자예요.

	あ단	い단	う단	え단	お단
あ행	あ 아(a)	い 이(i)	う 우(u)	え 에(e)	お 오(o)
か행	か 카(ka)	き 키(ki)	く 쿠(ku)	け 케(ke)	こ 코(ko)
さ행	さ 사(sa)	し 시(si)	す 스(su)	せ 세(se)	そ 소(so)
た행	た 타(ta)	ち 치(chi)	つ 츠(tsu)	て 테(te)	と 토(to)
な행	な 나(na)	に 니(ni)	ぬ 누(nu)	ね 네(ne)	の 노(no)

あ단	い단	う단	え단	お단	
は 하(ha)	ひ 히(hi)	ふ 후(hu)	へ 헤(he)	ほ 호(ho)	は 행
ま 마(ma)	み 미(mi)	む 무(mu)	め 메(me)	も 모(mo)	ま 행
や 야(ya)		ゆ 유(yu)		よ 요(yo)	や 행
ら 라(ra)	り 리(ri)	る 루(ru)	れ 레(re)	ろ 로(ro)	ら 행
わ 와(wa)				を 오(wo)	わ 행
ん 응(n)					ん 행

히라가나 청음

자음 [ㅇ, ㅋ, ㅅ, ㅌ, ㄴ, ㅎ, ㅁ, ㄹ]이 들어가는 맑은 소리예요.

あ 아[a]	ー	ナ	あ	あ	あ	あ	あ

い 이[i]	い	い	い	い	い	い	い

う 우[u]	`	う	う	う	う	う	う

え 에[e]	`	え	え	え	え	え	え

お 오[o]	ー	お	お	お	お	お	お

か	つ	カ	か	か	か	か	か
카 [ka]							

き	一	二	キ	き	き	き	き
키 [ki]							

く	く	く	く	く	く	く	く
쿠 [ku]							

け	し	し	け	け	け	け	け
케 [ke]							

こ	フ	こ	こ	こ	こ	こ	こ
코 [ko]							

히라가나 청음

さ 사[sa]	ー	キ	さ	さ	さ	さ	さ

し 시[si]	し	し	し	し	し	し	し	し

す 스[su]	一	す	す	す	す	す	す

せ 세[se]	一	サ	せ	せ	せ	せ	せ

そ 소[so]	そ	そ	そ	そ	そ	そ	そ

た	ー	ナ	た	た	た	た	た
타[ta]							

ち	ー	ち	ち	ち	ち	ち	ち
치[chi]							

つ	つ	つ	つ	つ	つ	つ	つ
츠[tsu]							

て	て	て	て	て	て	て	て
테[te]							

と	`	と	と	と	と	と	と
토[to]							

히라가나 청음

な	ー	ナ	た	な	な	な	な
나[na]							

に	㇆	に	に	に	に	に	に
니[ni]							

ぬ	㇏	ぬ	ぬ	ぬ	ぬ	ぬ	ぬ
누[nu]							

ね	丿	ね	ね	ね	ね	ね	ね
네[ne]							

の	の	の	の	の	の	の	の
노[no]							

は 하[ha]	い	に	は	は	は	は	は

ひ 히[hi]	ひ	ひ	ひ	ひ	ひ	ひ	ひ

ふ 후[fu]	丶	ふ	ふ	ふ	ふ	ふ	ふ

へ 헤[he]	へ	へ	へ	へ	へ	へ	へ

ほ 호[ho]	い	に	に	ほ	ほ	ほ	ほ

ま 마[ma]	ー	ニ	ま	ま	ま	ま	ま

み 미[mi]	み	み	み	み	み	み	み

む 무[mu]	ー	む	む	む	む	む	む

め 메[me]	ヽ	め	め	め	め	め	め

も 모[mo]	し	も	も	も	も	も	も

や	つ	う	や	や	や	や	や
야[ya]							

ゆ	い	ゆ	ゆ	ゆ	ゆ	ゆ	ゆ
유[yu]							

よ	ー	よ	よ	よ	よ	よ	よ
요[yo]							

쓰기 어려운 글자 연습

え 에 お 오 そ 소

な 나 ぬ 누 み 미

히라가나 청음

ら 라[ra]	`	ら	ら	ら	ら	ら	ら
り 리[ri]	ㅣ	り	り	り	り	り	り
る 루[ru]	る	る	る	る	る	る	る
れ 레[re]	ㅣ	れ	れ	れ	れ	れ	れ
ろ 로[ro]	ろ	ろ	ろ	ろ	ろ	ろ	ろ

わ	↓	わ	わ	わ	わ	わ	わ
와[wa]							

を	￣	大	を	を	を	を	を
오[o]							

ん	ん	ん	ん	ん	ん	ん	ん
응[N]							

쓰기 어려운 글자 연습

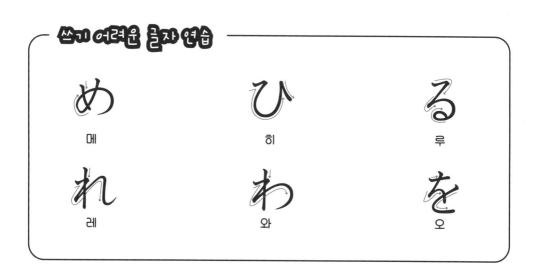

め
메

ひ
히

る
루

れ
레

わ
와

を
오

히라가나 탁음

. . . .

글자 오른쪽 위에 탁점(゛)을 붙여 [ㅋ, ㅅ, ㅌ, ㅎ]가 [ㄱ, ㅈ, ㄷ, ㅂ]으로 발음되는 탁한 소리예요.

が	つ	カ	か	が	が	が	が
가[ga]							

ぎ	〳	⸗	き	き	き	ぎ	ぎ
기[gi]							

ぐ	く	ぐ	ぐ	ぐ	ぐ	ぐ	ぐ
구[gu]							

げ	い	に	け	げ	げ	げ	げ
게[ge]							

ご	⸗	こ	ご	ご	ご	ご	ご
고[go]							

ざ	ー	ナ	さ	ざ	ざ	ざ	ざ
자[za]							

じ	し	じ	じ	じ	じ	じ	じ
지[ji]							

ず	ー	す	ず	ず	ず	ず	ず
즈[zu]							

ぜ	ー	ナ	せ	ぜ	ぜ	ぜ	ぜ
제[ze]							

ぞ	ぞ	ぞ	ぞ	ぞ	ぞ	ぞ	ぞ
조[zo]							

히라가나 탁음

だ 다[da]	﹁	ナ	た	た	だ	だ	だ

ぢ 지[ji]	﹁	ち	ち	ぢ	ぢ	ぢ	ぢ

づ 즈[zu]	つ	づ	づ	づ	づ	づ	づ

で 데[de]	て	で	で	で	で	で	で

ど 도[do]	ヽ	と	ど	ど	ど	ど	ど

ば	l	lこ	は	ば	ば	ば	ば
바[ba]							

び	ひ	ひ	び	び	び	び	び
비[bi]							

ぶ	`	ふ	ふ	ふ	ぶ	ぶ	ぶ
부[bu]							

べ	へ	べ	べ	べ	べ	べ	べ
베[be]							

ぼ	l	lこ	lこ	ほ	ほ	ぼ	ぼ
보[bo]							

히라가나 반탁음

글자 오른쪽 위에 반탁점(゜)을 붙여 [ㅎ]가 [ㅍ]으로 발음되는 소리예요.

ぱ 파[pa]	し	しー	は	ぱ	ぱ	ぱ	ぱ

ぴ 피[pi]	ひ	ぴ	ぴ	ぴ	ぴ	ぴ	ぴ

ぷ 푸[pu]	`	ふ	ふ	ふ	ぷ	ぷ	ぷ

ぺ 페[pe]	へ	ぺ	ぺ	ぺ	ぺ	ぺ	ぺ

ぽ 포[po]	し	しー	に	ぽ	ぽ	ぽ	ぽ

히라가나 요음

모음 [ㅣ]가 들어간 글자에 [や, ゆ, よ]를 붙여 한 음으로 발음해요.

きゃ	きゃ	きゅ	きゅ	きょ	きょ
캬[kya]		큐[kyu]		쿄[kyo]	

ぎゃ	ぎゃ	ぎゅ	ぎゅ	ぎょ	ぎょ
갸[gya]		규[gyu]		교[gyo]	

しゃ	しゃ	しゅ	しゅ	しょ	しょ
샤[sya]		슈[syu]		쇼[syo]	

히라가나 요음

じゃ	じゃ	じゅ	じゅ	じょ	じょ
쟈[ja]		쥬[ju]		죠[jo]	

ちゃ	ちゃ	ちゅ	ちゅ	ちょ	ちょ
챠[cha]		츄[chu]		쵸[cho]	

にゃ	にゃ	にゅ	にゅ	にょ	にょ
냐[nya]		뉴[nyu]		뇨[nyo]	

ひゃ	ひゃ	ひゅ	ひゅ	ひょ	ひょ
햐[hya]		휴[hyu]		효[hyo]	

びゃ	びゃ	びゅ	びゅ	びょ	びょ
뱌[bya]		뷰[byu]		뵤[byo]	

ぴゃ	ぴゃ	ぴゅ	ぴゅ	ぴょ	ぴょ
퍄[pya]		퓨[pyu]		표[pyo]	

히라가나 요음

みや	みや	みゅ	みゅ	みょ	みょ
먀[mya]		뮤[myu]		묘[myo]	

りゃ	りゃ	りゅ	りゅ	りょ	りょ
랴[rya]		류[ryu]		료[ryo]